ARREST DU CONSEIL D'ETAT,

QUI déboute le Sieur Evêque d'Uzès, le Sieur Comte du Roure & Consorts, & le Syndic du Diocèse d'Uzès, de leurs Requêtes : ordonne l'execution des précedens Arrêts ; & qu'en consequence ledit Sieur Comte du Roure & Consorts, seront tenus de faire la foi & hommage au Sieur Duc d'Uzès, des Terres & Fiefs qu'ils possedent dans la Viguerie ou Claverie d'Uzès, & que ses Officiers continuëront de joüir du premier degré d'appel des Justices desdites Terres & Fiefs.

Du 18 Mars 1732.

EU au Conseil d'Etat du Roi, l'Arrêt rendu en icelui le 29 Mars 1721. sur l'exposé du Sieur Duc d'Uzès, contenant que par contrat du 8 Août 1493. le Roi Charles VIII. acquit de Guillaume de Laudun de Montfaucon, un des puînez de la Maison d'Uzès, une portion du Domaine d'Uzès, qui en avoit été démembrée à titre de partage ; que ce démembrement ayant causé plusieurs procès, tant au sujet des mouvances, que de l'administration de la Justice ; les auteurs du sieur Duc d'Uzès en firent en 1641. l'acquisition à titre d'engagement, ce qui n'a pas fait cesser les contestations entre les Officiers Royaux, & ceux du Duché d'Uzès ; que comme cette portion de Domaine a été distraite par un partage de famille, il a estimé qu'il devoit chercher à l'y réünir, ce qui paroissoit d'autant plus convenable, que par les Lettres d'érection du Duché d'Uzès du mois de Mai 1565. Tout ce qui compose ce Duché, devoit être réüni à la Couronne, pourquoi il a suplié Sa Majesté de lui permettre de faire l'acquisition de ladite portion de l'ancienne Seigneurie d'Uzès, par un titre plus stable que celui de l'engagement, & a proposé de ceder en échange la Baronie de Levi, près le Parc de Versailles, & le Village de Trappe, avec quatre cens arpens de Bois taillis, & d'abandonner les finances payées en 1641. 1643. & 1700. pour ledit engagement montantes à 28670 liv. en principal, avec les interests qu'il pourroit prétendre de ladite somme de 28670 liv. depuis l'année 1666. que lui & ses auteurs ont été dépossedez de ce Domaine, montant à près de 17000 liv. au moyen de ce qu'il plairoit à Sa Majesté lui ceder en contr'échange ledit Domaine d'Uzès, consistant en la Haute, Moyenne & Basse Justice, telle qu'elle appartient au Roi dans ladite Ville d'Uzès, Saint-Jean de Marvejols, & autres lieux dépendans de la Claverie d'Uzès, & païs d'Uzege, droits de Lods & Ventes, même dans le cas d'échange, tant sur les Rotures, que sur les Fiefs, Cens & Rentes, droit de Prélation, & Retrait féodal, Aubaines, Bâtardises, & autres droits Seigneuriaux & Féodaux dépendans desdits Domaines, Justices & Seigneurie d'Uzès, & païs d'Uzege, avec les Fiefs & Mouvances y attachés, & faculté de rentrer dans les portions démembrées, en remboursant les Engagistes de la finance par eux payée, sans, par Sa Majesté, reserver aucune chose que la Souveraineté, l'Hommage & le Ressort, pour être le tout uni au Duché, & reversible à la Couronne au défaut d'hoirs mâles; & ladite Justice être exercée par les Officiers de lui sieur Duc d'Uzès, comme celle qui appartient audit Duché, à la charge de payer l'indemnité, si aucune est dûë aux Officiers de la Senechaussée & Presidial de Nismes, & autres Officiers, laquelle sera acquittée par Sa Majesté, ledit sieur Duc d'Uzès offrant de rembourser celle dûë aux Officiers de la Justice Royale d'Uzès; que pour parvenir audit échange, l'évaluation de la Terre de Levi, seroit faite aux dépens de Sa Majesté: sur quoi Sa Majesté s'étant fait representer les Etats & Mémoires de la consistance & valeur du Domaine d'Uzès, & de la Terre de Levi, & ayant paru que le Domaine d'Uzès n'avoit jamais produit plus de 1000 liv. année commune, & que la Terre de Levi étoit de 2200. l. de revenu; que d'ailleurs ledit sieur Duc d'Uzès offroit d'abandonner la finance montant à 28670 l. & les interêts depuis sa dépossession, & offroit de rembourser les Officiers de la Jurisdiction d'Uzès, ce qui ayant paru avantageux; il a été ordonné par ledit Arrêt qu'il seroit passé contrat d'échange entre ledit sieur Duc d'Uzès, & les Commissaires nommez, par lequel il délaisseroit ladite Terre de Levi, & abandonneroit les Finances à lui dûës en principal & interêts, & qu'en contr'échange, les Commissaires nommez lui délaisseroient le Domaine d'Uzès, consistant en la Haute, Moyenne & Basse Justice, telle qu'elle appartenoit à Sa Majesté dans la Ville d'Uzès, Saint-Jean de Marvejols, & autres Paroisses & lieux dépendans de la Claverie d'Uzès & païs d'Uzege, droits de Lods & Ventes, même dans le cas d'échange, tant sur les Rotures, que sur les Fiefs, Confiscation, Aubaine, Bâtardise, Deshérence, & autres droits Seigneuriaux & Féodaux dépendans desdites choses, avec faculté de rentrer dans les démembremens en remboursant les Engagistes; Sa Majesté ne se réservant que la Souveraineté, l'Hommage & Ressort, pour être le tout réüni au Domaine, au défaut d'hoirs mâles de la Maison de Crussol-d'Uzès, même les portions alienées de ce Domaine, qu'il pourroit réünir en remboursant les Engagistes, sans, audit cas de réünion à la Couronne, pretendre aucun remboursement contre Sa Majesté, & sans pouvoir, par lui, en aliener aucunes portions, & être la Justice exercée par les Officiers du sieur Duc d'Uzès, comme celle du Duché, sauf l'appel au Parlement de Toulouse; qu'enfin s'il étoit dû quelque indemnité aux Officiers de la Senechaussée & Siége Présidial de Nismes, ou autres Officiers, elle seroit payée par le Roi; mais que celle qui seroit dûë aux Officiers de la Justice Royale d'Uzès, leur seroit remboursée par le sieur Duc d'Uzès. Lettres de Commission du même jour, pour autoriser les sieurs Commissaires du Conseil à passer le contrat d'échange; le contrat passé le 28 Avril suivant, dans les termes, & aux conditions portées par l'Arrêt dudit jour 29 Mars 1721. Lettres Patentes du mois de May suivant, de ratification dudit contrat d'échange, adressées au Parlement, & à la Chambre des Comptes de Paris; l'enregistrement desdites Lettres au Parlement de Paris le 2 Septembre 1721. avec cette modification, sans que dans la cession faite au sieur Duc d'Uzès, du Domaine d'Uzès, le droit d'Aubaine puisse être compris, ni qu'il puisse prétendre aucuns autres droits que ceux dont le Roi joüissoit & avoit droit de joüir, comme Seigneur particulier dudit Domaine, & ainsi qu'en joüissent & ont droit d'en joüir les autres particuliers du Royaume. Arrêt du Conseil du 26 Décembre 1721. sur la representation du sieur Poncet, ci-devant Evêque d'Uzès, que cet échange blessoit les interêts du Roi, l'ordre Public, les droits du Chapitre & du Diocèse d'Uzès, ceux des Officiers Royaux, & de plusieurs Gentilshommes de la Province. Pourquoi led. sieur Evêque d'Uzès demanda, qu'il plût au Roi révoquer ledit échange, ou qu'en suspendant, pour un tems, son execution, il fût nommé des Commissaires, avec lesquels on pût prendre des précautions pour conserver ses droits, ceux de son Eglise, de la Noblesse & du Diocèse, avec déclaration qu'il donnoit cette Requête, tant en son nom, que pour les autres Interessez, qui lui avoient envoyé leur procuration, ensemble sur la Requête du Syndic du Diocèse d'Uzès, contenant offre de rembourser au sieur Duc d'Uzès, la finance payée pour l'engagement dudit Domaine, afin que Sa Majesté pût y rentrer sans qu'il lui en coûtât rien, & conserver son Domaine dans le païs d'Uzège; & sur la réponse du sieur Duc d'Uzès, par lequel Arrêt conforme au dire de l'Inspecteur General du Domaine, sans s'arrêter à la Déliberation generale de l'Assemblée des Commissaires du Diocèse, ni à la Requête dud. sieur Evêque, & à celle du Syndic, dont ils ont été déboutés; il a été ordonné que l'Arrêt du Conseil, & Lettres Patentes du 29 Mars 1721. & le contrat d'échange, seroient executez. Autre Arrêt du Conseil du 12 Mai 1722. sur la representation faite par le sieur Duc d'Uzès, que les Gentilshommes, dont les Terres étoient mouvantes du Roi, étoient poursuivis à la requête du Procureur General de la Chambre des Comptes de Montpellier, pour rendre Hommage au Roi, à cause de son heureux

Avenement ; pourquoi il auroit supplié Sa Majesté de déclarer qu'Elle n'avoit pas entendu comprendre ni assujettir les Possesseurs des Fiefs qui dépendoient lors du Duché d'Uzès, & qui relevoient auparavant du Domaine, à l'execution de l'Arrêt du 20 Février 1722. qui avoit ordonné le renouvellement des Hommages à cause de l'heureux Avenement ; par lequel Arrêt, en consequence du contrat d'échange, les Possesseurs des Fiefs & Seigneuries mouvans du Domaine cedé au sieur Duc d'Uzès, ont été déchargés du renouvellement de l'Hommage envers Sa Majesté, avec défenses au Procureur General de la Chambre des Comptes de Montpellier, & aux Procureur du Roi des Bureaux des Finances de Languedoc, de faire aucunes poursuites contre les Vassaux du Domaine d'Uzès. Arrêt de la Chambre des Comptes de Paris du 30 Avril 1722. qui a débouté le sieur Comte du Roure de son opposition à l'enregistrement dudit contrat d'échange. Autre Arrêt du Conseil du 7 Mai 1726. sur le Mémoire du sieur Duc d'Uzès ; ensemble sur le dire de l'Inspecteur General du Domaine, sur ce que les Officiers du Senechal & Presidial de Nismes s'étoient pourvûs à la Chambre des Comptes, & ensuite au Conseil, pour obtenir une indemnité à cause de la distraction d'une partie de leur Ressort, par lequel Arrêt ils ont été déboutés des indemnitez par eux pretenduës pour raison dudit échange, sur lequel Arrêt ayant été expedié des Lettres Patentes adressées au Parlement de Toulouse, elles y ont été enregistrées par Arrêt du 14 Août 1726. Arrêt contradictoire du Parlement de Toulouse du 8 Mars 1727. qui a fait défenses à tous Justiciables, Vassaux & arriere-Vassaux dépendans de l'échange, de porter les appellations des Juges ordinaires des lieux dépendans de la Claverie d'Uzès & païs d'Uzège, ailleurs que devant le Senechal d'Uzès, sauf l'appel audit Parlement, avec injonction aux Officiers du Senechal & Presidial de Nismes, de renvoyer les causes lorsque le renvoy en sera requis par le sieur Duc d'Uzès, ou par les Parties, à peine de nullité des Jugemens qui interviendront ; & à cet effet ordonne que l'Arrêt seroit lû, publié & affiché par tout où il appartiendroit. Autre Arrêt du Conseil du 20 Août 1729. sur les demandes, tant du sieur Duc d'Uzès, que du sieur de Saint-Jal, actuellement Evêque d'Uzès, tendantes à ce qu'il plût à Sa Majesté évoquer leurs contestations, ainsi que celles du Chapitre même, celles nées & à naître au sujet de l'échange, à l'exception néanmoins de l'évaluation pendante en la Chambre des Comptes de Paris, & de renvoyer toutes leurs autres contestations devant quatre Conseillers de la Grand Chambre du Parlement de Toulouse, pour donner sur le tout leur avis à Sa Majesté, ce qui a ainsi été ordonné par ledit Arrêt. Autre Arrêt du Conseil du 21 Août 1731. sur la Requête du sieur Comte du Roure, Lieutenant General de la Province du Languedoc, du sieur Marquis du Roure, du sieur Marquis de Morangiés, du sieur Comte de Chambonas, du sieur Comte Duchamp, de la Dame Baronne d'Elze, du sieur Baron de Coursoules, du sieur Marquis de Montclus, & de Montpesat, du sieur Marquis de Vesenobre, du sieur Comte de Ribaute, du Sr Baron de Ribaute, des sieurs Marquis de Rochemaure,

&

& de Montjoux, du ſieur Vicomte de Breſis, du ſieur Chevalier de Rochepierre, de la Dame Baronne de la Gorſe, des ſieurs Baron de Rouſſon, de Cornillon, de Fons-outre-gardon, d'Aigaliers, des ſieurs de Verclauſe de la Tour de Gouvernet, du Roure-d'Elze, de Serres-d'Altier, de Narbonne, de Narbonne de Larques, de Sarazin, de la Garde-Malboſc, de Chapelain de Narbonne, de Montolieu, d'Arbaud, de Beauvoir du Roure, d'Entremaux, d'Antraigues, Cauſſe, de Morreton-Chabrillant, de Boileau, de Brun, de Roche, de Bruneau, Dornac, & Mathieu, tendantes à ce qu'il plût à Sa Majeſté déclarer qu'Elle n'avoit entendu comprendre dans l'échange leurs Fiefs & Juſtices, & en conſéquence faire défenſes au ſieur Duc d'Uzès d'exiger d'eux aucuns droits & devoirs feodaux, & à ſes Officiers de s'arroger aucune Juriſdiction des cauſes des juſticiables deſdits Seigneurs, qui continueront de reſſortir au Senéchal de Niſmes, & par appel au Parlement de Toulouſe; enſemble ſur la Requeſte du Syndic du Diocèſe d'Uzès; par lequel Arreſt il a été ordonné que les Requeſtes ſeroient communiquées au ſieur Duc d'Uzès pour y répondre dans les délais du Reglement. Une Requeſte preſentée par le ſieur Evêque d'Uzès & ſignifiée le 29. Décembre 1731. tendante à ce qu'il plaiſe à Sa Majeſté le recevoir Partie intervenante en l'Inſtance pendante au Conſeil entre la Nobleſſe d'Uzès, le Syndic du Diocèſe, & le ſieur Duc d'Uzès, lui donner pareillement acte de ce qu'il adhere aux Concluſions priſes par la Nobleſſe, & par le Syndic du Diocèſe; faiſant droit ſur ſa demande, déclarer que l'échange dont il s'agit n'aura lieu que pour le Domaine d'Uzès, acquis par Charles VIII. de Guillaume de Montfaucon, ſans que le ſieur Duc d'Uzès puiſſe l'étendre au-delà, le tout conformement à l'enregiſtrement des Lettres patentes, & à la demande que le ſieur Duc d'Uzès en a lui-même faite; & au cas que Sa Majeſté fit quelque difficulté de faire droit, dès-à-preſent renvoyer les Parties pardevant les Commiſſaires à Toulouſe, nommés par Sa Majeſté pour donner leur avis, avec cette obſervation qu'il ne faut pas juger de ſa demande, comme on a fait de toutes celles formées par ſon prédeceſſeur, parce qu'elles tendoient à détruire l'échange, au lieu qu'il en conſent l'execution & qu'il ſe borne à empêcher la trop grande étenduë que voudroit y donner le ſieur Duc d'Uzès. Vû pareillement une Requeſte preſentée par le ſieur Comte du Roure & Conſorts, ſignifiée le 22 Décembre 1731. d'une part; & celles auſſi préſentées par le ſieur Duc d'Uzès, d'autte part; la Requeſte deſdits ſieurs Comte du Roure & Conſorts, tendante à ce qu'il plaiſe à Sa Majeſté ordonner que la mouvance des Terres du ſieur Comte du Roure & Conſorts, n'a point appartenu à Guillaume de Montfaucon, qu'elle n'a point paſſé au Roi Charles VIII. par l'acquiſition qu'il a faite en 1493. de cette portion de Cadet de l'ancienne Maiſon d'Uzès, qu'ainſi elle ne peut appartenir au ſieur Duc d'Uzès, qui en vertu de ſon échange ne peut avoir d'autres droits que ceux de Guillaume de Montfaucon; mais que cette même mouvance a toujours appartenu à la Couronne; c'eſt-à-dire aux Rois, comme Rois, que par cette raiſon elle n'a pû être cedée non plus que le reſſort des Juſtices, des Terres de ces Seigneurs, ce faiſant faire défenses au sieur Duc d'Uzès d'exiger d'eux aucuns hommages, ni aucuns droits feodaux; & aux Officiers de sa Justice de connoître des appellations de leurs Juges, qui continueront de ressortir au Senéchal de Nismes; enfin, que les Officiers de l'ancienne Viguerie d'Uzès seront rétablis pour connoître des cas Royaux, & de tous les autres droits dont ils joüissoient avant l'acquisition du Domaine de Guillaume de Montfaucon, pour faire voir que la mouvance des Fiefs du sieur Comte du Roure & Consorts, & le ressort de leurs Justices appartient à la Couronne, & non au domaine; ils soutiennent que les Comtes de Toulouse possedoient anciennement une partie du domaine d'Uzès, que le reste étoit possedé par l'Evêque & par les auteurs du sieur Duc d'Uzès; que le Comte de Toulouse avoit à Uzès un Viguier qui exerçoit la Justice pour lui; que par le Traité de paix, conclu entre Raimond, dernier Comte de Toulouse & le Roi saint Loüis en 1228. il fut convenu qu'après la mort de Raimond toutes ses Terres & Seigneuries appartiendroient à celui des Freres du Roi, qui auroit épousé Jeanne, fille de ce Comte, & aux enfans qui naîtroient de ce mariage; & qu'au défaut de lignée ces Terres & Seigneuries reviendroient au Roi & à ses heritiers, sans que ni Jeanne, ni les enfans que Raimond pourroit avoir d'un second lit y pussent rien prétendre, que le cas prévû par ce Traité étant arrivé, le Comté de Toulouse & la portion de Seigneurie qui appartenoit au Comte dans le Pays d'Usege, ont été unis au domaine de la Couronne, & n'ont pû en être démembrés; que cette portion du domaine Royal n'a jamais appartenu aux auteurs du sieur Duc d'Uzès, qu'ainsi le Roi Charles VIII. en acquerant de Guillaume de Montfaucon, Cadet de l'ancienne Maison d'Uzès, la part qu'il avoit eû par son partage, n'a rien acquis de l'ancien domaine des Comtes de Toulouse, ni par consequent aucun des droits de mouvance & de Justice, anciennement attachés à ce Comté; quainsi ce qui a été cedé au sieur Duc d'Uzès par le contrat d'échange, ayant été borné au domaine de Guillaume de Montfaucon, acquis par le Roi Charles VIII. n'a pû comprendre les mouvances & la Justice dont le Roi joüissoit comme étant aux droits des Comtes de Toulouse, qu'il ne faut que le Memoire que le sieur Duc d'Uzès a présenté au Roi pour faire admettre l'échange, pour connoître ce qu'il a demandé. Ce Memoire est visé dans l'Arrest du Conseil du 29 Mars 1721. Il porte que le Roi Charles VIII. acquit par contrat du 8 Aoust 1493. de Guillaume de Laudun de Montfaucon d'Uzès, un des puisnez de la Maison d'Uzès, une portion du domaine d'Uzès, qui en avoit été démembrée à titre de partage; ce qui ayant causé plusieurs procès, obligea les auteurs du sieur Duc d'Uzès d'en faire l'acquisition de Sa Majesté en l'année 1641. à titre d'engagement, duquel il joüissoit encore lors de sa proposition; que cet engagement n'avoit pas fait cesser les inconveniens de la multiplicité des Jurisdictions dans la Ville d'Uzès; & que comme cette portion avoit été distraite par un partage de famille, il avoit estimé qu'il devoit chercher quelque juste moyen de l'y réünir, & de décorer par ce moyen le Duché d'Uzès, qui étoit reversible à la Couronne, en donnant à Sa Majesté une indemnité convenable, en abandonnant les finances payées par ses auteurs, les interests qui lui étoient dûs de ces mêmes finances, en rembourſant aux Officiers Royaux le prix de leurs Offices, & délaiſſant à Sa Majeſté la Terre de Levi; mais qu'au lieu de ſuivre l'expoſé de la demande du ſieur Duc d'Uzès; pour ne lui donner que ce qui avoit été acquis par le Roi Charles VIII. de Guillaume de Montfaucon, l'Arreſt du 29. Mars 1721. intervenu ſur cette demande, a ordonné qu'il lui ſeroit cedé le domaine d'Uzès appartenant à Sa Majeſté dans la Ville d'Uzès, Saint-Jean de Marvejols, & autres Paroiſſes & lieux dépendans de la Claverie d'Uzès & Pays d'Uzege, conſiſtant en Juſtices, lods & ventes, & autres droits expliqués, ſans y reſerver par Sa Majeſté que les ſouveraineté, l'hommage, & le reſſort, pour être le tout uni & reverſible à la Couronne, comme le Duché d'Uzès qu'on a ſuivi les mêmes termes dans le contrat d'échange, & qu'on s'eſt écarté, tant dans l'Arreſt que dans le contrat des bornes que le ſieur Duc d'Uzès avoit lui-même données à ſa propoſition; que c'eſt cependant à ce point qu'il en faut revenir, en reſtraignant l'échange à la portion de la Terre d'Uzès, qui a appartenu à Guillaume de Montfaucon; que le Parlement de Paris en procedant à l'enregiſtrement des Lettres Patentes de ratification du contrat d'échange, s'étant apperçû de cette extenſion, a mis dans ſon Arreſt d'enregiſtrement du 2 Septembre 1721. la clauſe de modification, ſans que dans la ceſſion faite au ſieur Duc d'Uzès du domaine d'Uzès, le droit d'Aubeine puiſſe être compris, ni qu'il pût prétendre aucuns autres droits que ceux dont le Roi joüiſſoit & avoit droit de joüir, comme Seigneur particulier dudit domaine, & ainſi qu'en joüiſſent & ont droit d'en joüir les autres particuliers du Royaume; que non-ſeulement par l'Arreſt du 29 Mars 1721. & par le contrat d'échange le ſieur Duc d'Uzès s'eſt fait ceder au delà de ce qu'il avoit demandé; mais qu'il y a encore donné depuis une autre extenſion conſiderable en s'attribuant la mouvance & le reſſort des Juſtices de toutes les Terres qui ſont ſituées dans la Viguerie d'Uzès, au lieu qu'aux termes du contrat d'échange, il devoit être renfermé dans la ſeule Claverie d'Uzès & Pays d'Uzège; que la Claverie & la Viguerie ſont deux choſes très-diſtinctes, que la Viguerie d'Uzès comprend cent ſoixante-deux Communautez, qui appartiennent à des Seigneurs, dont les Officiers adminiſtrent la Juſtice, ſauf l'appel au Senéchal de Niſmes; que dans environ une vingtaine de ces Communautés le Roi eſt ſeul Seigneur, & que dans les autres il l'eſt en paréage, & par indivis avec pluſieurs particuliers, que dans cette Claverie, il y avoit anciennement un diſtrict appellé de ce nom, par rapport à un Receveur ou Clavaire qui exigeoit les amendes, ou autres droits dûs au Roi; que cette Claverie avoit une petite étenduë, étant enfermée dans les lieux où le Roi avoit des revenus, & que leurs Fiefs ne ſont point ſitués dans la Claverie, mais dans la Viguerie, dont le domaine n'a point été cedé au ſieur Duc d'Uzès par le contrat d'échange; qu'on a eu d'ailleurs dans ce contrat ſi peu d'attention, qu'on a cedé la haute, moyenne & baſſe Juſtice dans le lieu de Saint-Jean de Marvejols, qui n'appartenoit point à Sa Majeſté, mais qui appartient à l'Evêque; que quand on pourroit prétendre qu'on auroit cedé par le contrat d'échange la mouvance des

Fiefs & le ressort des Justices qui appartiennent au Sr Comte du Roure & Consorts, & qui sont situez dans la Viguerie d'Uzès; cette cession seroit absolument nulle, parce que, selon les Loix des Fiefs, on ne peut séparer le Fief servant du Fief dominant : or comme les Fiefs qu'ils possedent étoient mouvans de la portion du Domaine d'Uzès, qui appartenoit aux Comtes de Toulouse; dès que cette portion de Domaine n'a pû être cedée, & ne l'a point été, on ne peut non plus avoir cedé la mouvance de leurs Fiefs, ni le ressort de leurs Justices, mais seulement la mouvance des Fiefs, & le ressort des Justices qui dépendoient du partage de Guillaume de Montfaucon, & pour apuyer cette proposition, ils articulent l'exemple de la cession qui fut faite par Philippes le Bel, en faveur du mariage d'Isabelle sa fille, avec Edoüard II. Roi d'Angleterre; & pour terminer la Guerre, du ressort & de la supériorité qu'il avoit, comme Souverain, sur le Duché de Bretagne, à quoi Artus, Duc de Bretagne, & les Seigneurs de cette Province, s'étant opposez, le Traité resta sans execution, parce qu'il est de l'interêt des Vassaux de ne point reconnoître pour Seigneur un inférieur à l'ancien Seigneur qu'ils avoient auparavant, & que le droit de mouvance & de ressort sur les Fiefs & les Justices tenuës nuëment de la Couronne, est incessible. Le sieur Comte du Roure & Consorts, ajoutent, & font une autre argument qu'ils tirent de l'Arrêt du Conseil du 22 Mai 1667. qui en condamnant la prétention du franc-aleu noble dans le Languedoc, a établi la directe universelle de S. M. sur toutes les Terres dont on ne connoissoit point d'autres Seigneurs; & ils prétendent que cette nouvelle mouvance que le Roi s'est attribuée par cet Arrêt sur les héritages que les Proprietaires prétendoient posseder en franc-aleu noble, est un droit Royal qui n'a pû être communiqué au sieur Duc d'Uzès; que si par un Arrêt du Conseil du 12 Mai 1722. eux & les autres Vassaux du Domaine d'Uzès, ont été déchargez de rendre hommage au Roi, à cause de son Avenement; & s'ils ont été renvoyés à le rendre au sieur Duc d'Uzès, à cause de son échange; cet Arrêt ne peut leur être opposé, parce qu'il n'a point été rendu avec eux, & ils déclarent qu'ils ne le peuvent executer, parce qu'ils perdroient le glorieux avantage d'être Vassaux immédiats de la Couronne, & de ne reconnoître que les Juges Royaux pour Juges supérieurs de leurs Terres, qui, pour la plûpart, sont Marquisats, Comtez Baronies, dont la mouvance est tellement attachée à la Souveraineté du Roi, qu'elle n'en peut être détachée; qu'enfin le Roi souffriroit un très-grand préjudice si l'échange étoit executé, & si tous les Fiefs & Seigneuries situez dans la Viguerie d'Uzès, & si le ressort de toutes leurs Justices pouvoient entrer dans la mouvance & dans le ressort du sieur Duc d'Uzès, comme le Commissaire nommé par la Chambre des Comptes pour l'évaluation, les y a compris, quoiqu'il n'ait estimé toutes ces choses que 67000 liv. parce que ce Commissaire est entierement dévoüé au sieur Duc d'Uzès, & qu'il a été conduit dans tout son ouvrage par les Agens de sa Maison, au lieu que le Syndic du Diocèse a fait de son côté une estimation de toutes les Parties que le sieur Duc d'Uzès prétend lui devoir appartenir en vertu

de

de l'échange, laquelle monte à 1864750 liv. pour laquelle Sa Majesté n'auroit cependant que la Terre de Levi, que la Chambre des Comptes a évalué à 90000 liv. par une estimation excessive avec la remise de 28670 liv. pour la finance payée pour l'engagement du Domaine d'Uzès; sur quoi ils esperent que Sa Majesté n'abandonnera pas ainsi ses propres interêts, ceux de ses Vassaux, de l'Evêque, du Diocèse entier, des Officiers de l'ancienne Viguerie d'Uzès, & de ceux du Presidial de Nismes; & ils tirent déja un préjugé favorable de ce que Sa Majesté, par deux Arrêts a renvoyé les demandes du sieur Evêque, & des Officiers de Nismes, devant les Commissaires choisis dans le Parlement de Toulouse, & ajoutent, que si Sa Majesté faisoit quelque difficulté de leur adjuger leurs Conclusions, Elle ait la bonté de renvoyer toutes les Parties & toutes les contestations devant les mêmes Commissaires, afin que l'échange puisse être constaté & fixé à ses justes limites; les Requêtes presentées par le sieur Duc d'Uzès, au nombre de deux, signifiées les 29 Octobre 1731. & 18 Janvier 1732. servant de réponse à celles ci-dessus, & contenant que la valeur de ce que le Roi lui a cedé par le Contrat d'échange, est tellement exagerée, que ce que ses Adversaires en disent, ne peut servir qu'à faire voir la passion dont ils sont animés; qu'ils devroient respecter l'examen qui en fut fait au Conseil avant de passer le Contrat, que l'Arrêt du 29 Mars 1721. énonce qu'il fut vérifié, que tout ce que le Roi possedoit à Uzès, lui produisoit environ 1000 liv. de revenu, & que la Terre de Levi en rapportoit environ 2000 liv. que par le procès verbal d'évaluation fait par le Commissaire de la Chambre des Comptes sur les lieux, l'estimation du Domaine d'Uzès a été portée, tant en revenu, qu'en honorifique, à 67790 liv. qu'il n'y a rien qui n'y soit compris; & ledit sieur Duc d'Uzès déclare qu'il ne prétend joüir en vertu de son contrat d'échange, que de ce qui est employé dans ce procès verbal; ensorte que si ses Adversaires prétendent qu'il y ait erreur dans les estimations, & qu'ils puissent la faire monter à plus de 1800000 liv. comme le Syndic du Diocèse l'a avancé, ils peuvent remettre leurs Mémoires à la Chambre des Comptes qui lui retranchera tout qu'elle jugera lui avoir été donné de trop, & que c'est à cette Compagnie à juger s'il y a de la lézion pour Sa Majesté; mais que cette lézion ne s'établira pas au Conseil sur des allegations aussi outrées, que l'estimation de la Terre de Levi aussi pour l'utile & pour l'honorifique, est entierement consommée à la Chambre des Comptes, qu'elle monte à 90000 liv. qu'il est certain que les finances payées pour l'engagement dont il auroit dû être remboursé, & qu'il a abandonnées, montent à 28670 liv. & les interêts qui lui étoient dûs pendant trente-quatre années qu'il a été dépossedé, & que le Roi a joüi de ce Domaine, à 17000 l. enfin qu'il a remboursé à la décharge de Sa Majesté, aux Officiers de la Justice Royale d'Uzès pour la finance de leurs Offices 17230 liv. qu'outre cette Terre, & toutes ces sommes, il a consenti que le Domaine d'Uzès qu'il a acquis & qui a été uni au Duché, fût reversible à la Couronne, comme le Duché même; qu'il a donné un pareil consentement pour tout ce qu'il feroit réünir à ce Domaine, en remboursant ceux qui en possedent des démembremens ; qu'il ne croit pas qu'avec toutes ces conditions on puisse juger que Sa Majesté ait été lezée dans l'échange, qu'en tout cas ce seroit à la Chambre des Comptes à le reparer, en retranchant ce qu'il auroit de trop ; qu'on ne trouvera pas non plus qu'on lui ait rien accordé au-delà de ce qu'il avoit demandé ; qu'il ne s'est pas borné à la seule portion de Domaine acquis par Guillaume de Montfaucon ; qu'il a demandé à acquerir à titre de proprieté tout ce qui avoit été engagé au sieur Duc d'Uzès son bisayeul en 1641. qu'il n'a parlé de la portion de Guillaume de Montfaucon, que dans l'exposition du fait, & pour faire voir combien il étoit favorable de réünir cette portion de Cadet acquise par le Roi Charles VIII. au reste de cette Terre qui avoit fait le partage de l'aîné ; que le défaut de vrai-semblance suffiroit pour faire connoître qu'il a demandé, & que le contrat d'échange lui a transporté tout ce qui apartenoit à S. M. dans le païs d'Uzège ; qu'en effet la portion de Guillaume de Montfaucon n'avoit été acquise en 1493. par le Roi Charles VIII. que 4400 l. qui par l'augmentation survenuë aux especes, ne pourroient être estimées aujourd'hui plus de 20 à 24000 liv. Or on ne peut pas présumer qu'il ait abandonné plus de 150000 l. pour un Domaine de cette valeur ; mais que sans avoir besoin de présomptions, il est certain qu'il a demandé au Roi, & que Sa Majesté lui a cedé en proprieté par le contrat d'échange, tout ce qu'il possedoit en qualité d'Engagiste : or son engagement comprenoit ce qui avoit été cedé au Roi Saint-Loüis par le Comte de Toulouse en 1228. & ce que le Roi Charles VIII. avoit acquis de Guillaume de Montfaucon en 1493. qu'il ne faut pour en être convaincu que la lecture de l'Arrêt du 29 Mars 1721. du contrat d'échange, & des Lettres Patentes de ratification, qui comprennent tout le Domaine de Sa Majesté dans la Ville & Claverie d'Uzès, Saint-Jean de Marvejols, & païs d'Usege, & qui n'exceptent que la Souveraineté, l'Hommage & le Ressort ; qu'on lui oppose que le Domaine qui lui a été cedé est restraint par le contrat d'échange à ce qui est situé dans la Claverie d'Uzès, au lieu qu'il prétend avoir la Mouvance des Fiefs, & le Ressort des Justices Seigneuriales qui sont dans la Viguerie, & qu'on soutient que la Claverie a beaucoup moins d'étenduë que n'en a la Viguerie, qu'il prétend au contraire que *Viguerie* & *Claverie* sont sinonimes, qu'il est vrai qu'anciennement les Baillifs, Viguiers, & autres Juges Royaux avoient l'administration des revenus du Domaine, ainsi que l'administration de la Justice, & que l'Officier qu'ils commettoient pour faire la recette des revenus, s'appelloit *Clavier* ou *Clavaire*, & que l'étenduë du païs où il faisoit sa recette, se nommoit *Claverie* ; mais qu'il en résulte que tous les lieux de la Viguerie d'Uzès où le Roi percevoit des revenus, formoient la Claverie ; qu'on ne peut donc douter que les Fiefs qui appartiennent au sieur Comte du Roure & Consorts, ne fussent dans la Claverie d'Uzès, parce que produisant des lods en cas de vente, le Clavaire étoit celui qui en faisoit la recette, & qui en comptoit au Viguier, & les lieux de la situation de ces Fiefs, étoient de la Claverie; que pour faire voir qu'en effet la Claverie, & tous les lieux de la Viguerie où le Roi perçoit des revenus, ont toujours été pris indifferemment; il lui suffit de produire trois Affiches publiées de l'ordre du Roi en l'année 1696. pour parvenir à l'alienation du Domaine d'Uzès, dans lesquelles les mots de *Claverie & Viguerie* se trouvent également employés; un Certificat du Greffier du Diocèse d'Uzès, & un autre Certificat du Procureur du Roi d'Uzès, portant que le lieu de Serviers étoit & dépendoit de la Viguerie & Claverie d'Uzès; sur quoi il est à observer que l'un de ces Certificats est d'un Officier du sieur Evêque, & qu'ils sont tous deux du mois de Décembre 1706. antérieurs de quinze années à l'échange; & enfin quatre autres Certificats tous de l'année 1731. des Juges Consuls des Vans, du Juge & premier Consul de la Ville & Mandement de Naves, & du Lieutenant de Juge, & du Collecteur du lieu de Bordezac, qui portent, que ces lieux situez dans le païs d'Usege, sont de la Viguerie & Claverie d'Uzès, la Viguerie & Claverie étant la même chose; que cette objection est par consequent une pure subtilité qu'on employe au défaut de moyens; mais d'autant plus inutilement qu'une partie de ce païs n'est presque d'aucune valeur, étant situé dans les Montagnes, & que le reste appartient, pour la plus grande partie, au sieur Evêque, au Chapitre, à l'Ordre de Malthe, & à d'autres Ordres Religieux, sur tous lesquels il ne peut avoir aucuns droits de Mouvance, mais seulement le droit de Ressort de quelques petites Justices Seigneuriales; qu'on ne peut tirer contre lui aucun avantage de la modification mise dans l'Arrêt du Parlement, portant enregistrement des Lettres Patentes expediées sur son échange, ce qui y a donné lieu, est qu'on avoit énoncé par erreur dans le contrat, le droit d'Aubaine au nombre de ceux qui lui ont été cedés. Le Parlement se tenant aux regles, a ordonné, avec raison, qu'il n'en pourroit joüir, & a ajouté qu'il n'auroit que les droits dont les Seigneurs particuliers ont coutume de joüir, qui est une clause ordinaire & de stile, qu'il ne lui en a point été cedé, & qu'il n'en prétend point d'autres; l'Hommage des Vassaux, & le Ressort des appellations des Justices Seigneuriales, étant tout ce qu'il a acquis au-delà des choses dont il joüissoit, comme Engagiste, en quoi il n'y a rien dont les Seigneurs particuliers n'ayent droit de joüir dans leurs Terres, & dont lui-même ne joüisse dans le Duché d'Uzès, auquel est réüni le Domaine qui lui a été cedé, Sa Majesté ne s'y étant reservé que la Souveraineté, l'Hommage qu'il lui doit rendre avec le Ressort des apellations du Siege Ducal au Parlement de Toulouse, le tout de même que pour l'ancien Domaine du Duché; que les droits qu'il a acquis ne sont donc que des droits ordinaires que personne ne lui peut contester; qu'on a vû que lorsque le Procureur General de la Chambre des Comptes de Montpellier, qui ne connoissoit pas encore le contrat d'échange, a confondu les Vassaux du Domaine d'Uzès, avec les autres Vassaux de Sa Majesté dans la Province, pour les obliger à rendre nouvel Hommage à cause de l'Avenement; le Conseil les en a déchargés par un Arrêt du 12 Mai 1722. en faisant défenses au Procureur General de la Chambre des Comptes, & au Procureur du Roi du Bureau des Finances, de faire aucunes poursuites contre les Vassaux du Domaine d'Uzès; que ces Vassaux ne peuvent estre admis à alleguer que l'Arrêt n'a pas été rendu avec eux, non-seulement parce qu'il n'a fait que repeter ce qui est porté par le contrat d'échange, & par les Lettres Patentes, mais encore parce qu'ils ne sont pas Parties capables de contester le délaissement qu'il plaît à Sa Majesté de faire d'un de ses Domaines par la voye de l'échange; que si le désir qu'ils ont de relever toujours du Roi est loüable, la résistance qu'ils apportent à sa volonté, ne l'est pas; car s'ils pouvoient être écoutez, il s'ensuivroit que Sa Majesté ne pourroit plus faire aucun échange sans consulter ses Vassaux, comme si le plein pouvoir de Sa Majesté pouvoit être revoqué en doute; que l'échange de Sedan par lequel tous ceux qui étoient anciennement des Duchez d'Albret & de Château-Thierry, & d'une infinité d'autres grandes Terres, sont devenus Vassaux de la Maison de Boüillon, & qu'il y a nombre d'autres exemples, comme l'échange de Bellisle & autres, qui ont été faits dans tous les tems, qu'ainsi il n'y a que la mouvance des Duchez, Marquisats, & autres Terres Titrées, qui ne peuvent être transferées à des Seigneurs particuliers, même par la voye d'échange, parce que les Terres Titrées relevent & sont attachées immédiatement à la Couronne, dont elles ne peuvent être separées, à la difference de toutes les autres Terres tenuës de Domaines particuliers; qu'il est de fait que dans toute la Claverie ou Viguerie d'Uzès, il n'y a pas une seule Terre Titrée, & le sieur Duc d'Uzès déclare que s'il s'en trouve quelqu'une, il n'en pretend pas la mouvance; mais que le sieur Comte du Roure s'étant pourvû à la Chambre des Comtes de Paris, a été débouté par Arrest du 30 Avril 1722. contradictoirement avec les Gens du Roi, véritables Parties à cet égard, & par défaut avec lui; lequel Arrest a passé en force d'Arrest contradictoire, n'y ayant point été formé opposition de sa part; que toutes les Terres des Opposans sont de très-petits Fiefs, & qu'ils ne cherchent qu'à grossir les objets en traitant de Communautés & Villages, des Hameaux, composez pour la plûpart de deux ou trois maisons; que l'évaluation éclaircira tous ces faits, parce que la valeur du droit de Mouvance sur ces Fiefs, & du droit de Ressort sur les Justices, a été prisée singulierement & par parties dans le procès verbal, comme il est des regles: or il ne peut jamais posseder que ce qui sera compris dans le procès verbal d'évaluation, & ce qui a fait partie du contrat d'engagement passé à ses auteurs, & il ne demande de plus que l'Hommage & le Ressort qui sont attachez à sa qualité de Proprietaire; que les mêmes Vassaux ne sont pas non plus recevables à contester ce Ressort, puisqu'il lui a été cedé par le Roi qui en étoit le Maître, non plus que de vouloir que les appellations de leurs Juges soient portées au Presidial de Nismes, puisque Sa Majesté en a disposé autrement, & qu'Elle a même jugé avec ces Officiers, seules Parties interessées, qu'il ne leur étoit dû d'indemnité; par Arrêt du 7 May 1726. suivi de Lettres Patentes, enregistrées

giſtrées contradictoirement au Parlement de Toulouſe par Arreſt du 14 Aouſt 1726. qu'enfin ils ſont également mal-fondés à demander le rétabliſſement des Officiers de la Viguerie d'Uzès, puiſqu'il a été chargé de les rembourſer de leurs finances, qu'ils lui en ont donné quittance, & qu'ils ne reclament point; que le ſeul effet du contrat d'échange eſt que les Juges du Duché d'Uzès connoiſſent des appellations de ces Juſtices particulieres, à la charge de l'appel au Parlement de Toulouſe. Comment donc vouloir que le Roi ait des Officiers dans la Ville d'Uzès, puiſque Sa Majeſté a fait rembourſer les Officiers qui y étoient, & qu'Elle a cedé l'entiere Juſtice qu'ils exerçoient? Que l'on doit encore regarder comme des ſubtilitez de ſes Adverſaires, les deux argumens qu'ils tirent du Traité avec le Roi Saint-Loüis, pour l'union à la Couronne du Comté de Toulouſe, & de l'Arreſt du Conſeil qui a condamné le franc-aleu noble dans la Province de Languedoc; que par le Traité de 1228. le Roi Saint-Loüis a acquis avec le Comté de Toulouſe, le Domaine que le Comte poſſedoit à Uzès, qui étoit peu conſiderable, puiſque preſque tout le païs d'Uzège appartenoit à l'Evêque, & aux auteurs du ſieur Duc d'Uzès; mais qu'en acquerant cette portion de Domaine, le Roi Saint-Loüis en a acquis toutes les mouvances: or ces mouvances n'étoient point des mouvances du Comté de Toulouſe, mais des mouvances du Domaine qui avoit appattenu au Comte de Toulouſe dans Uzès, où les Vaſſaux rendoient hommages & payoient les droits Seigneuriaux; il ſuffit donc que Sa Majeſté ait cedé le Domaine d'Uzès, pour avoir pû ceder les mouvances qui en dépendoient; qu'ainſi c'eſt une illuſion au ſieur Comte du Roure & Conſorts, de prétendre que leurs Fiefs étoient mouvans immédiatement de la Couronne, & qu'ils n'ont pû en eſtre ſéparés, puiſqu'il n'y a de mouvances immédiates de la Couronne, que celles qui ſont qualifiées telles dans les Hommages & les Aveux; toutes les autres ſont attachées aux Fiefs dont elles dépendent, & ſuivent le Fief lorſqu'il eſt vendu ou tranſporté par échange; qu'en un mot le Domaine que le Roi Saint-Loüis a acquis du Comte de Toulouſe, n'eſt pas d'un autre nature que celui que Charles VIII. a acquis de Guillaume de Montfaucon; chacun de ces Domaines avoit ſes Vaſſaux particuliers, & le délaiſſement qui a été fait au ſieur Duc d'Uzès, de l'un & l'autre Domaine, lui a tranſporté la mouvance de tous les Arriere-fiefs qui en dépendoient; que quand à l'argument tiré du franc-aleu, il n'a pas plus de ſolidité; qu'il eſt vrai qu'en jugeant qu'il n'y a point en Languedoc de franc-aleu noble ſans titre, on a jugé que la mouvance des héritages de cette eſpece appartient au Roi, à cauſe de chaque Domaine particulier; enſorte que s'il y en avoit dans la Viguerie d'Uzès, ces héritages ſeroient mouvans du Domaine de ce lieu, toujours par la raiſon que chaque mouvance eſt attachée à chaque Seigneurie particuliere, & nullement à la Couronne; mais que c'eſt fort inutilement que le ſieur Comte du Roure & Conſorts propoſent ce moyen, puiſque loin de prétendre que leurs héritages fuſſent en franc-aleu, & qu'ils ne ſoient devenus féodaux qu'en conſequence de l'Arreſt du Conſeil de 1667. qui a

D

condamné la prétention du franc-aleu noble sans titre ; ils conviennent tous de l'ancienne féodalité de leurs héritages, & prétendent seulement qu'ils sont mouvans du Roi à cause de sa Couronne, & non à cause du Domaine particulier d'Uzès ; qu'on ne peut pas même prouver que qui que ce soit dans l'étenduë de la Viguerie ou Claverie d'Uzès, ait jamais prétendu y posseder des héritages en franc-aleu noble, qu'ainsi cet argument du sieur Comte du Roure & Consorts, est de la même qualité que tous les autres, qu'ils n'ont proposés que pour répandre de l'obscurité dans une affaire très-simple, puisqu'ils n'ont aucune application à l'espece ; que pour détruire cette pretenduë mouvance de la Couronne, & justifier que les Fiefs du Sr Comte du Roure & Consorts, ont toujours été mouvans du Domaine Royal d'Uzès, il lui suffit d'ajouter que ces Gentilshommes ne justifieront pas qu'ils ayent jamais payé les droits Seigneuriaux des acquisitions qu'ils peuvent avoir faites de leurs Fiefs depuis l'année 1641. que le Domaine d'Uzès a été engagé à autres qu'aux Ducs d'Uzès, en qualité d'Engagistes, si ce n'est dans le tems qu'a duré la dépossession de l'engagement, & qu'il les défie de rapporter aucunes quittances de payement qu'ils ayent faits aux Fermiers du Domaine à qui les droits Seigneuriaux auroient appartenu, s'ils n'avoient pas fait partie de l'engagement ; que tout ce qu'ils peuvent prouver est qu'ils ont rendu leurs hommages & leurs aveux au Roi, parce que les Engagistes n'ont pas droit de les recevoir ; qu'enfin toutes les prétentions que le sieur Evêque, le Syndic du Diocèse, & les Officiers de Nismes renouvellent, ont été condamnées par un grand nombre d'Arrêts, & singulierement par celui du 26 Décembre 1721. rendu contre le sieur Evêque & le Syndic, sur les mêmes moyens qu'ils repetent aujourd'hui, dont la simple lecture fait la preuve ; & contre les Officiers de Nismes, par l'Arrêt du Conseil du 7 Mai 1726. & par celui du Parlement de Toulouse du 8 Mars 1727. & il ajoute pour derniere observation, que ses Parties ne peuvent tirer aucun préjugé en leur faveur, de l'Arrêt du Conseil du 20 Août 1729. qui de son consentement, & de celui du sieur Evêque, & du Chapitre, a nommé entr'eux des Commissaires pris dans le Parlement de Toulouse, parce que le renvoy n'a point été consenti ni ordonné pour juger de nouveau les contestations terminées par les Arrests du Conseil, & du Parlement de Paris, ce qu'il seroit absurde de proposer ; mais pour prononcer sur les autres contestations pendantes entr'eux sur l'étenduë des anciens droits du Duché, & des nouveaux droits qui y ont été unis par l'échange, & sur ceux du sieur Evêque, & du Chapitre ; mais que cet Arrest ne comprend, ni les Gentilshommes, ni le Syndic du Diocèse, ni les Officiers de Nismes ; que ces derniers ont cependant surpris un autre Arrest, qui a renvoyé à la Commission pour juger leurs prétentions, quoique terminées définitivement par le Conseil dès l'année 1726. & comme si on avoit pû à son insçû & sans son consentement, augmenter l'attribution aux Commissaires, ce qui l'a engagé à former opposition à cet Arrêt ; pourquoi requeroit qu'il plût à Sa Majesté lui donner acte de ce qu'il ne pretend rien sur la proprieté des Fief & des Justices qui appartiennent au sieur Comte du Roure & Consorts, mais qu'il pretend seulement en vertu de l'échange les droits feodaux & Seigneuriaux dont lesdits Fiefs sont tenus envers le Domaine qui lui a été cedé, & le Ressort où les premieres appellations sur les Justices qui sont dans l'étenduë de la Claverie d'Uzès & païs d'Uzège; & sans s'arrêter aux Requêtes dudit sieur Evêque, du sieur Comte du Roure & Consorts, & du Syndic dudit Diocèse; ordonner que l'Arrest du Conseil du 29 Mars 1721. le Contrat d'échange passé en consequence, & les Lettres Patentes données sur ledit contrat, seront executées; & en consequence, qu'il joüira de toutes les choses comprises dans l'échange, que le sieur Comte du Roure & Consorts, & autres possesseurs des Terres & Fiefs situés dans l'étenduë de la Claverie ou Viguerie d'Uzès & païs d'Uzège, qui étoient de la mouvance de Sa Majesté dans l'étenduë de ladite Claverie ou Viguerie, seront tenus de lui faire la foi & hommage, & payer les droits & devoirs féodaux & Seigneuriaux dont ces Terres & Fiefs sont tenus, que les premieres appellations des Justices Seigneuriales qui sont dans l'étenduë de ladite Viguerie ou Claverie d'Uzès & païs d'Uzège, ressortiront à la Justice du Duché-Pairie d'Uzès, & que les Officiers de la Justice d'Uzès, continuëront de connoître des premieres appellations, sauf l'appel au Parlement de Toulouse; faire défenses au sieur Evêque, au sieur Comte du Roure & ses Adherans, au Syndic dudit Diocèse, & à tous autres de le troubler & ses Officiers, dans la possession de ses droits, & que sur l'Arrest qui interviendra, seront toutes Lettres expediéees. Veu aussi les piéces rapportées par le sieur Duc d'Uzès, sçavoir, Contrat de mariage du premier Mars 1486. de Jacques de Crussol, & de Simonne d'Uzès, qui a porté dans sa Maison la Terre d'Uzès, telle qu'elle étoit anciennement, & qu'elle a été érigée en Duché en l'année 1565. Contrat d'engagement du 9 Septembre 1641. de tout le Domaine que le Roi possedoit au même lieu, fait à Emanuel de Crussol son bisayeul, & deux adjudications par revente des 5 Février 1643. & 28 Janvier 1700. qui en ont été faites moyennant differentes finances, montant ensemble à 28670 liv. Un bail du 10 Mai 1698. passé par les Fermiers du Domaine dans le tems de sa dépossession du Domaine d'Uzès, moyennant 700 liv. par an. Un autre bail du 2 Janvier 1700. passé par lui-même après que l'adjudication lui fût faite à titre de revente, il fut rentré en possession de l'engagement, moyennant 800 l. par an; & deux autres Baux des 19 Novembre 1705. & 22 Décembre 1711. par lui faits du même Domaine, l'un moyennant 650 liv. & l'autre moyennant 900 liv. Deux Arrêts du Parlement de Paris des 11 Juillet 1718. & 2 Juin 1723. par lui obtenus contre le défunt Evêque d'Uzès; auquel entr'autres dispositions, défenses ont été faites & à ses successeurs, de se dire & prendre la qualité de Comte d'Uzès, & permet seulement de prendre celle de Seigneur en partie d'Uzès. Un extrait du procès verbal fait par le Commissaire delegué par la Chambre des Comptes pour l'évaluation du Domaine d'Uzès du 9 Décembre 1722. & jours suivans, qui contient son estimation sur le pied du denier 30, 40 & 70. du revenu à 67790 liv. 10 s. Trois Affiches publiées au mois de Mai 1696. lors de la derniere alienation à titre d'engagement du Domaine d'Uzès, dans lesquels les mots de *Claverie* & *Viguerie* sont emploïés indifferemment. Certificat du 9 Décembre 1706. signé Chalmeton, Secretaire & Greffier du Diocèze d'Uzès, portant que le lieu de Serviers, distant de la Ville d'Uzès d'une petite lieuë, est & dépend de la Viguerie & Claverie basse d'Uzès, & le lieu de Saint-Jean de Marvejols. Autre Certificat du 11 Décembre 1706. du Procureur du Roi au Siége de la Ville, Viguerie d'Uzès & païs d'Uzège, portant que le lieu de Serviers dépendoit de la Viguerie & Claverie basse. Certificat du 5 Septembre 1731. des Juges Consuls & Greffier Consulaire du Mandement de Naves au Diocèse d'Uzès, contenant que le lieu & Mandement étoit dans le Haut païs d'Uzège, dépendant de la Viguerie & Claverie d'Uzès, & que suivant la reconnoissance faite au Roi en 1456. le lieu de Chausse - Chaussonnaresse avoit toujours payé l'albergue d'un quarteron de cire au Clavaire du païs d'Uzège. Certificat du Juge de la Ville des Vans, & Mandement de Naves au Diocèse d'Uzès du premier Octobre 1731. portant que ces lieux sont dans le Haut païs d'Uzège, divisé en Haut & Bas païs d'Uzège, ou en Haute & Basse Viguerie ou Claverie d'Uzès ; la Viguerie ou la Claverie étant la même chose, & ayant la même étenduë. Certificat du 2 Octobre 1731. du Lieutenant de Juge, & Collecteur du lieu de Bordezac, Paroisse de Peiremalc, Diocèse d'Uzès, portant que ce lieu est dans le Haut & Bas païs d'Uzège, ou en Haute & Basse Viguerie d'Uzès, la Claverie & Viguerie étant la même chose & ayant la même étenduë, & que l'albergue de deux livres & demi de cire dûë par les Habitans à toûjours été payée au Clavaire d'Uzès; & un autre Certificat du 12 Octobre de la même année du premier Consul de la Ville des Vans, qu'elle est dans le Haut païs d'Uzège, divisé en Haute & Basse Viguerie ou Claverie, la Claverie ou Viguerie étant la même chose, & ayant la même étenduë ; & les piéces rapportées par le sieur Evêque d'Uzès, le sieur Comte du Roure & Consorts, & le Syndic du Diocèse, consistant, sçavoir imprimé de l'Arrest du 29 Mars 1721. qui a ordonné l'échange. Imprimé des Lettres de ratification du contrat d'échange. Mémoire imprimé des Officiers de la Senechaussée & Siége Présidial de Nismes sur ledit échange, & un Mémoire imprimé pour François de Lastic de Saint-Jal, Evêque, Seigneur d'Uzès, contre le sieur Duc d'Uzès, contenant les moyens proposez par ledit sieur Evêque aux Commissaires du Parlement de Toulouse, nommez par l'Arrest du Conseil du 20 Août 1729. contre la prétenduë extension du sieur Duc d'Uzès au contrat d'échange du 28 Avril 1721. Un Mémoire écrit à la main pour le Syndic du Diocèse d'Uzès, par lequel on soutient que l'ancienne Viguerie d'Uzès, & tous les droits Royaux & Domaniaux que nos Rois ont toujours eu dans ladite Viguerie, ne dépendent nullement de l'échange, & appartiennent toujours à Sa Majesté ; ensemble toutes les autres Requestes, Mémoires & piéces respectivement produites. Oüi le rapport du sieur Orry, Conseiller d'Etat & ordinaire au Conseil

Conſeil Royal, Controlleur General des Finances. LE ROY EN SON CONSEIL, faiſant droit ſur le tout, a donné acte au ſieur Duc d'Uzès, de la déclaration par lui faite dans ſa Requête du 18 Janvier dernier, qu'il ne prétend rien en la mouvance des Terres Titrées dont il ait été rendu Hommage à Sa Majeſté, à cauſe de la Couronne, groſſe Tour du Louvre, ou autre expreſſion équivalante, non plus qu'au reſſort des Juſtices deſdites Terres, ſi aucunes ſe trouvent dans les Domaines à lui cedés par le contrat d'échange du 28 Avril 1721. ce faiſant, ſans s'arrêter aux demandes du Comte du Roure & Conſorts, & du Syndic du Diocèſe d'Uzès; enſemble à l'intervention du ſieur Evêque d'Uzès dont ils ſont déboutez; ordonne que l'Arreſt du Conſeil du 29 Mars 1721. le contrat d'échange paſſé en conſequence, les Lettres Patentes expediées ſur ledit contrat, & tous autres Arreſts intervenus entre les Parties, ſeront executez; & que ledit ſieur Duc d'Uzès joüira à titre de proprieté de toutes les choſes compriſes audit contrat d'échange, & qui avoient été alienées à titre d'engagement au Duc d'Uzès ſon biſayeul, & à lui, par contrats des 6 Septembre 1641. 5 Février 1643. & 28 Janvier 1700. & qu'en conſequence dudit échange, le Comte du Roure & Conſorts, & autres poſſeſſeurs des Terres & Fiefs non titrés, & non employez dans les Hommages, comme mouvans immédiatement de la Couronronne ſituez dans l'étenduë de la Claverie ou Viguerie d'Uzès & païs d'Uzège, & qui étoient mouvans avant l'échange des Domaines qui appartenoient à Sa Majeſté, ſeront tenus d'en faire la Foi & Hommage audit ſieur Duc d'Uzès, lui en rendre les aveux & dénombremens, & payer les droits & devoirs féodaux dont leſd. Terres & Fiefs ſont tenus; ordonne pareillement que les Officiers de la Juſtice du Duché d'Uzès, continueront de connoître des premieres appellations des Juſtices Seigneuriales deſdites Terres & Fiefs, ſauf l'appel au Parlement de Toulouſe: Fait Sa Majeſté défenſes à toutes perſonnes d'apporter aucun trouble à lui & à ſes Officiers; le tout ſans préjudice des évaluations pendantes en la Chambre des Comptes, leſquelles Sa Majeſté veut être inceſſamment parachevées; ordonne que ſur le preſent Arreſt, toutes Lettres Patentes ſeront expédiées. FAIT au Conſeil d'Etat du Roi, tenu à Verſailles le 18 Mars 1732. Collationné, *Signé*, DE VOUGNY, avec paraphe.

Collationné ſur l'Original par Nous Ecuyer, Conſeiller-Secretaire du Roi, Maiſon, Couronne de France & de ſes Finances.

LETTRES PATENTES SUR ARREST DU CONSEIL D'ETAT,

QUI déboutent le Sieur Evêque d'Uzès, le Sieur Comte du Roure & Consorts, & le Syndic du Diocèse d'Uzès, de leurs Requêtes : ordonne l'execution des précedens Arrêts ; & qu'en conséquence ledit Sieur Comte du Roure & Consorts, seront tenus de faire la foi & hommage au Sieur Duc d'Uzès, des Terres & Fiefs qu'ils possedent dans la Viguerie ou Claverie d'Uzès, & que ses Officiers continuëront de joüir du premier degré d'appel des Justices desdites Terres & Fiefs.

Du 7e Avril 1732.

LOUIS par la grace de Dieu, Roy de France & de Navarre. A nos amez & féaux Conseillers, les Gens tenans notre Cour de Parlement à Toulouse : SALUT. Nous étant fait representer en notre Conseil l'Arrêt rendu en icelui le 29 Mars 1721. sur l'exposé de notre très-cher & bien amé cousin le Duc d'Uzès, contenant que par contrat du 8 Août 1493. le Roi Charles VIII. acquit de Guillaume de Laudun de Montfaucon, un des puînez de la Maison d'Uzès, une portion du Domaine d'Uzès, qui en avoit été démembrée à titre de partage ; que ce démembrement avoit causé plusieurs procès, tant au sujet de la mouvance, que de l'administration de la Justice ; les auteurs du sieur Duc d'Uzès en firent en 1641. l'acquisition à titre d'engagement, ce qui n'a pas fait cesser les contestations entre les Officiers Royaux, & ceux du Duché d'Uzès ; que comme cette portion de Domaine a été distraite par un partage de famille, il a estimé qu'il devoit chercher à l'y réünir, ce qui paroissoit d'autant plus convenable, que par les Lettres d'érection du Duché d'Uzès du mois de

Mai 1565. Tout ce qui compose ce Duché, devoit être réüni à notre Couronne, pourquoi il Nous a supplié de lui permettre de faire l'acquisition de ladite portion de l'ancienne Seigneurie d'Uzès, par un titre plus stable que celui de l'engagement, & a proposé de ceder en échange la Baronie de Levi, près le Parc de Versailles, & le Village de Trappe, avec quatre cens arpens de Bois taillis, & d'abandonner les finances payées en 1641. 1643. & 1700. pour ledit engagement montantes à 28670 liv. en principal, avec les interests qu'il pourroit prétendre de ladite somme de 28670 liv. depuis l'année 1666. que lui & ses auteurs ont été dépossedez de ce Domaine, montant à près de 17000 livres, au moyen de ce qu'il Nous plairoit lui ceder en contr'échange ledit Domaine d'Uzès, consistant en la Haute, Moyenne & Basse Justice, telle qu'elle Nous appartient dans ladite Ville d'Uzès, Saint-Jean de Marvejols, & autres lieux dépendans de la Claverie d'Uzès, & païs d'Uzege, droits de Lods & Ventes, même dans le cas d'échange, tant sur les Rotures, que sur les Fiefs, Cens & Rentes, droit de Prélation, & Retrait féodal, Aubaines, Bâtardises, & autres droits Seigneuriaux & Féodaux dépendans desdits Domaines, Justices & Seigneurie d'Uzès, & païs d'Uzege, avec les Fiefs & Mouvances y attachés, & faculté de rentrer dans les portions démembrées, en remboursant les Engagistes de la finance par eux payée, sans Nous reserver aucune chose que la Souveraineté, l'Hommage & le Ressort, pour être le tout uni au Duché, & reversible à notre Couronne au défaut d'hoirs mâles; & ladite Justice être exercée par les Officiers dudit sieur Duc d'Uzès, comme celle qui appartient audit Duché, à la charge de payer l'indemnité, si aucune est dûë aux Officiers de la Senechaussée & Presidial de Nismes, & autres Officiers, laquelle sera par Nous acquittée, ledit sieur Duc d'Uzès offrant de rembourser celle dûë aux Officiers de la Justice Royale d'Uzès; que pour parvenir audit échange, l'évaluation de la Terre de Levi, seroit faite à nos dépens: sur quoi Nous étant fait representer les Etats & Mémoires de la consistance & valeur du Domaine d'Uzès, & de la Terre de Levi, & ayant paru que le Domaine d'Uzès n'avoit jamais produit plus de 1000 liv. année commune, & que la Terre de Levi étoit de 2200. l. de revenu; que d'ailleurs le sieur Duc d'Uzès offroit d'abandonner la finance montante à 28670 l. & les interêts depuis sa dépossession, & offroit de rembourser les Officiers de la Jurisdiction d'Uzès, ce qui ayant paru avantageux; il a été ordonné par ledit Arrêt qu'il seroit passé contrat d'échange entre ledit sieur Duc d'Uzès, & les Commissaires nommez, par lequel il délaisseroit ladite Terre de Levi, & abandonneroit les Finances à lui dûës en principal & interêts, & qu'en contr'échange, les Commissaires nommez lui délaisseroient le Domaine d'Uzès, consistant en la Haute, Moyenne & Basse Justice, telle qu'elle Nous appartenoit dans la Ville d'Uzès, Saint-Jean de Marvejols, & autres Paroisses & lieux dépendans de la Claverie d'Uzès & païs d'Uzege, droits de Lods & Ventes, même dans le cas d'échange, tant sur les Rotures, que sur les Fiefs, Confiscation, Aubaine, Bâtardise,

Deshérence, & autres droits Seigneuriaux & Féodaux dépendans desdites choses, avec faculté de rentrer dans les démembremens en remboursant les Engagistes; ne Nous réservant que la Souveraineté, l'Hommage & Ressort, pour être le tout réüni au Domaine, au défaut d'hoirs mâles de la Maison de Crussol-d'Uzès, même les portions alienées de ce Domaine, qu'il pourroit réünir en remboursant les Engagistes, sans, audit cas de réünion à la Couronne, pretendre aucun remboursement contre Nous, & sans pouvoir, par lui, en aliener aucunes portions, & être la Justice exercée par les Officiers du sieur Duc d'Uzès, comme celle du Duché, sauf l'appel au Parlement de Toulouse; qu'enfin s'il étoit dû quelque indemnité aux Officiers de la Senechaussée & Présidial de Nismes, ou autres Officiers, elle seroit par Nous payée; mais que celle qui seroit dûë aux Officiers de la Justice Royale d'Uzès, leur seroit remboursée par le sieur Duc d'Uzès. Lettres de Commission du même jour, pour autoriser les sieurs Commissaires du Conseil à passer le contrat d'échange; le contrat passé le 28 Avril suivant, dans les termes, & aux conditions portées par l'Arrêt dudit jour 29 Mars 1721. Lettres Patentes du mois de Mai suivant, de ratification dudit contrat d'échange, adressées à notre Cour de Parlement, & à notre Chambre des Comptes de Paris; l'enregistrement desdites Lettres en notredite Cour de Parlement le 2 Septembre 1721. avec cette modification, sans que dans la cession faite au Sr Duc d'Uzès, du Domaine d'Uzès, le droit d'Aubaine puisse être compris, ni qu'il puisse prétendre aucuns autres droits que ceux dont Nous joüissions & avions droit de joüir, comme Seigneur particulier dudit Domaine, & ainsi qu'en joüissent & ont droit de joüir les autres particuliers de notre Royaume. Arrêt de notre Conseil du 26 Décembre 1721. sur la representation du sieur Poncet, cidevant Evêque d'Uzès, que cet échange blessoit nos interêts, l'ordre Public, les droits du Chapitre & du Diocèse d'Uzès, ceux des Officiers Royaux, & de plusieurs Gentilshommes de la Province. Pourquoi led. sieur Evêque d'Uzès demanda, qu'il Nous plût révoquer ledit échange, ou qu'en suspendant, pour un tems, son execution, il fût nommé des Commissaires, avec lesquels on pût prendre des précautions pour conserver ses droits, ceux de son Eglise, de la Noblesse & du Diocèse, avec déclaration qu'il donnoit cette Requête, tant en son nom, que pour les autres Interessez, qui lui avoient envoyé leur procuration; ensemble sur la Requête du Syndic du Diocèse d'Uzès, contenant offre de rembourser au sieur Duc d'Uzès, la finance payée pour l'engagement dudit Domaine, afin que Nous puissions y rentrer sans qu'il Nous en coûte rien, & conserver notre Domaine dans le païs d'Uzège; & sur la réponse du sieur Duc d'Uzès, par lequel Arrêt conforme au dire de l'Inspecteur General du Domaine, sans s'arrêter à la Déliberation generale de l'Assemblée des Commissaires du Diocèse, ni à la Requête dud. sieur Evêque, & à celle du Syndic, dont ils ont été déboutés; il a été ordonné que l'Arrêt du Conseil, & Lettres Patentes du 29 Mars 1721. & le contrat d'échange, seroient executez. Autre Arrêt de notre Conseil du 12 Mai 1722.

ſur la repreſentation faite par le Sr Duc d'Uzès, que les Gentilshommes, dont les Terres ét ient mouvantes de Nous, étoient pourſuivis à la requête du Procure General de notre Chambre des Comptes de Montpellier, pour Nous rendre Hommage, à cauſe de notre heureux Avenement; pourquoi il Nous auroit ſupplié de déclarer que Nous n'aurions pas entendu comprendre ni aſſujettir les Poſſeſſeurs des Fiefs qui dépendoient lors du Duché d'Uzès, & qui relevoient auparavant du Domaine, à l'execution de l'Arrêt du 20 Février 1722. qui avoit ordonné le renouvellement des Hommages à cauſe de l'heureux Avenement; par lequel Arrêt, en conſequence du contrat d'échange, les Poſſeſſeurs des Fiefs & Seigneuries mouvans du Domaine cedé au ſieur Duc d'Uzès, ont été déchargés du renouvellement de l'Hommage envers Nous, avec défenſes au Procureur General de notredite Chambre des Comptes de Montpellier, & nos Procureurs des Bureaux des Finances de Languedoc, de faire aucunes pourſuites contre les Vaſſaux du Domaine d'Uzès. Arrêt de notre Chambre des Comptes de Paris du 30 Avril 1722. qui a débouté le ſieur Comte du Roure de ſon oppoſition à l'enregiſtrement dudit contrat d'échange. Autre Arrêt de notre Conſeil du 7 Mai 1726. ſur le Mémoire du Sr Duc d'Uzès; enſemble ſur le dire de l'Inſpecteur General du Domaine, ſur ce que les Officiers du Senechal & Preſidial de Niſmes s'étoient pourvûs à notredite Chambre des Comptes, & enſuite à notre Conſeil, pour obtenir une indemnité à cauſe de la diſtraction d'une partie de leur Reſſort; par lequel Arrêt ils ont été déboutés des indemnitez par eux pretenduës pour raiſon dudit échange; ſur lequel Arrêt ayant été expedié nos Lettres Patentes adreſſées au Parlement de Toulouſe, elles y ont été enregiſtrées par Arrêt du 14 Août 1726. Arrêt contradictoire de notre Parlement de Toulouſe du 8 Mars 1727. qui a fait défenſes à tous Juſticiables, Vaſſaux & arriere. Vaſſaux dépendans de l'échange, de porter les appellations des Juges ordinaires des lieux dépendans de la Claverie d'Uzès & païs d'Uzège, ailleurs que devant le Senechal d'Uzès, ſauf l'appel audit Parlement, avec injonction aux Officiers du Senechal & Preſidial de Niſmes, de renvoyer les cauſes lorſque le renvoy en ſera requis par le ſieur Duc d'Uzès, ou par les Parties, à peine de nullité des Jugemens qui interviendront; & à cet effet ordonne que l'Arrêt ſeroit lû, publié & affiché par tout où il appartiendroit. Autre Arrêt de notre Conſeil du 20 Août 1729. ſur les demandes tant du ſieur Duc d'Uzès, que du ſieur de Saint-Jal, actuellement Evêque d'Uzès, tendantes à ce qu'il Nous plût évoquer leurs conteſtations, ainſi que celles du Chapitre, même celles nées & à naître au ſujet de l'échange, à l'exception néanmoins de l'évaluation pendante en la Chambre des Comptes de Paris, & de renvoyer toutes leurs autres conteſtations devant quatre Conſeillers de la Grand Chambre du Parlement de Toulouſe, pour Nous donner ſur le tout leur avis, ce qui a ainſi été ordonné par ledit Arrêt. Autre Arrêt de notre Conſeil du 21 Août 1731. ſur la Requête du ſieur Comte du Roure, Lieutenant General de la Province du Languedoc, du ſieur Marquis du Roure, du ſieur Marquis de Morangiés, du ſieur Comte

de

de Chambonas, du ſieur Comte Duchamp, de la Dame Baronne d'Elze, du Sr Baron de Courſoules, du ſieur Marquis de Montclus, & de Montpeſat, du ſieur Marquis de Veſenobre, du ſieur Comte de Ribaute, du Sr Baron de Ribaute, des ſieurs Marquis de Rochemaure, & de Montjoux, du ſieur Vicomte de Breſis, du ſieur Chevalier de Rochepierre, de la Dame Baronne de la Gorſe, des ſieurs Baron de Rouſſon, de Cornillon, de Fons-outre-gardon, d'Aigaliers, des ſieurs de Verclauſe de la Tour de Gouvernet, du Roure-d'Elze, de Serres-d'Altier, de Narbonne, de Narbonne de Larques, de Sarazin, de la Garde-Malboſc, de Chapelain de Narbonne, de Montolieu, d'Arbaud, de Beauvoir du Roure, d'Entremaux, d'Antraigues, Cauſſe, de Morreton-Chabrillant, de Boileau, de Brun, de Roche, de Bruneau, Dornac, & Mathieu, tendantes à ce qu'il Nous plût déclarer que Nous n'avions entendu comprendre dans l'échange leurs Fiefs & Juſtices, & en conſéquence faire défenſes au Sr Duc d'Uzès d'exiger d'eux aucuns droits & devoirs feodaux, & à ſes Officiers de s'arroger aucune Juriſdiction des cauſes des juſticiables deſdits Seigneurs, qui continueront de reſſortir au Senéchal de Niſmes, & par apel en notre Cour de Parlement de Toulouſe; enſemble ſur la Requeſte du Syndic du Diocèſe d'Uzès; par lequel Arreſt il a été ordonné que les Requeſtes ſeroient communiquées au ſieur Duc d'Uzès pour y répondre dans les délais du Reglement. Une Requeſte preſentée par le ſieur Evêque d'Uzès & ſignifiée le 29. Décembre 1731. tendante à ce qu'il Nous plaiſe le recevoir Partie intervenante en l'Inſtance pendante en notre Conſeil entre la Nobleſſe d'Uzès, le Syndic du Diocèſe, & le ſieur Duc d'Uzès; lui donner pareillement acte de ce qu'il adhere aux Concluſions priſes par la Nobleſſe, & par le Syndic du Diocèſe; faiſant droit ſur ſa demande, déclarer que l'échange dont il s'agit n'aura lieu que pour le Domaine d'Uzès, acquis par Charles VIII. de Guillaume de Montfaucon, ſans que le ſieur Duc d'Uzès puiſſe l'étendre au-delà; le tout conformement à l'enregiſtrement de nos Lettres patentes, & à la demande que le ſieur Duc d'Uzès en a lui-même faite; & au cas que Nous fiſſions quelque difficulté de faire droit, dès-à-preſent renvoyer les Parties pardevant les Commiſſaires à Toulouſe par Nous nommés, pour donner leur avis, avec cette obſervation qu'il ne faut pas juger de ſa demande, comme on a fait de toutes celles formées par ſon prédeceſſeur, parce qu'elles tendoient à détruire l'échange, au lieu qu'il en conſent l'execution, & qu'il ſe borne à empêcher la trop grande étenduë que voudroit y donner le ſieur Duc d'Uzès. Vû pareillement une Requeſte preſentée par le ſieur Comte du Roure & Conſorts, ſignifiée le 22 Décembre 1731. d'une part; & celles auſſi préſentées par le ſieur Duc d'Uzès, d'autte part; la Requeſte deſdits ſieurs Comte du Roure & Conſorts, tendante à ce qu'il Nous plût ordonner que la mouvance des Terres du ſieur Comte du Roure & Conſorts, n'a point appartenu à Guillaume de Montfaucon, qu'elle n'a point paſſé au Roi Charles VIII. par l'acquiſition qu'il en a faite en 1493. de cette portion de Cadet de l'ancienne Maiſon d'Uzès, qu'ainſi elle ne peut appartenir au ſieur Duc d'Uzès, qui en vertu de ſon échange ne peut avoir d'autres droits que ceux de Guillaume de Montfaucon; mais que cette même mouvance a toujours appartenu à la Couronne; c'est-à-dire aux Rois, comme Rois, que par cette raison elle n'a pû être cedée non plus que le ressort des Justices, des Terres de ces Seigneurs; ce faisant faire défenses au sieur Duc d'Uzès d'exiger d'eux aucuns hommages, ni aucuns droits feodaux; & aux Officiers de sa Justice de connoître des appellations de leurs Juges, qui continueront de ressortir au Senéchal de Nismes; enfin, que les Officiers de l'ancienne Viguerie d'Uzès seront rétablis pour connoître des cas Royaux, & de tous les autres droits dont ils joüissoient avant l'acquisition du Domaine de Guillaume de Montfaucon, pour faire voir que la mouvance des Fiefs du sieur Comte du Roure & Consorts, & le ressort de leurs Justices appartient à notre Couronne, & non au domaine; ils soutiennent que les Comtes de Toulouse possedoient anciennement une partie du domaine d'Uzès, que le reste étoit possedé par l'Evêque & par les auteurs du sieur Duc d'Uzès; que le Comte de Toulouse avoit à Uzès un Viguier qui exerçoit la Justice pour lui; que par le Traité de paix, conclu entre Raimond, dernier Comte de Toulouse & le Roi saint Loüis en 1228. il fut convenu qu'après la mort de Raimond toutes ses Terres & Seigneuries appartiendroient à celui des Freres du Roi, qui auroit épousé Jeanne, fille de ce Comte, & aux enfans qui naîtroient de ce mariage; & qu'au défaut de lignée ces Terres & Seigneuries reviendroient au Roi & à ses heritiers, sans que ni Jeanne, ni les enfans que Raimond pourroit avoir d'un second lit y pussent rien prétendre; que le cas prévû par ce Traité étant arrivé, le Comté de Toulouse & la portion de Seigneurie qui appartenoit au Comte dans le Pays d'Usege, ont été unis au domaine de notre Couronne, & n'ont pû en être démembrés; que cette portion du domaine Royal n'a jamais appartenu aux auteurs du Sr Duc d'Uzès, qu'ainsi le Roi Charles VIII. en acquerant de Guillaume de Montfaucon, Cadet de l'ancienne Maison d'Uzès, la part qu'il avoit eûe par son partage, n'a rien acquis de l'ancien domaine des Comtes de Toulouse, ni par consequent aucun des droits de mouvance & de Justice, anciennement attachés à ce Comté; quainsi ce qui a été cedé au sieur Duc d'Uzès par le contrat d'échange, ayant été borné au domaine de Guillaume de Montfaucon, acquis par le Roi Charles VIII. n'a pû comprendre les mouvances & la Justice dont Nous joüissions comme étant aux droits des Comtes de Toulouse, qu'il ne faut que le Memoire que le sieur Duc d'Uzès Nous a présenté pour faire admettre l'échange, pour connoître ce qu'il a demandé. Ce Memoire est visé dans l'Arrest du Conseil du 29 Mars 1721. Il porte que le Roi Charles VIII. acquit par contrat du 8 Aoust 1493. de Guillaume de Laudun de Montfaucon d'Uzès, un des puisnez de la Maison d'Uzès, une portion du domaine d'Uzès, qui en avoit été démembrée à titre de partage; ce qui ayant causé plusieurs procès, obligea les auteurs du sieur Duc d'Uzès d'en faire l'acquisition du Roy Louis XIII. en l'année 1641. à titre d'engagement, duquel il joüissoit encore lors de sa proposition; que cet engagement n'ayant pas fait cesser les inconveniens de la multiplicité des Jurisdictions dans la Ville d'Uzès; & que comme cette portion avoit été distraite par un partage de famille, il avoit estimé qu'il devoit chercher quelque juste moyen de l'y réünir, & de décorer par ce moyen le Duché d'Uzès, qui étoit reversible à notre Couronne, en Nous donnant une indemnité convenable, en abandonnant les finances payées par ses auteurs, les interests qui lui étoient dûs de ces mêmes finances, en remboursant aux Officiers Royaux le prix de leurs Offices, & Nous délaissant la Terre de Levi; mais qu'au lieu de suivre l'exposé de la demande du sieur Duc d'Uzès; pour ne lui donner que ce qui avoit été acquis par le Roi Charles VIII. de Guillaume de Montfaucon, l'Arrest du 29. Mars 1721. intervenu sur cette demande, a ordonné qu'il lui seroit cedé le domaine d'Uzès à Nous appartenant dans la Ville d'Uzès, Saint-Jean de Marvejols, & autres Paroisses & lieux dépendans de la Claverie d'Uzès & Pays d'Uzege, consistant en Justices, lods & ventes, & autres droits expliqués, sans y reserver par Nous que les souveraineté, l'hommage, & le ressort, pour être le tout uni & reversible à notre Couronne, comme le Duché d'Uzès qu'on a suivi les mêmes termes dans le contrat d'échange, & qu'on s'est écarté, tant dans l'Arrest que dans le contrat des bornes que le sieur Duc d'Uzès avoit lui-même données à sa proposition; que c'est cependant à ce point qu'il en faut revenir, en restraignant l'échange à la portion de la Terre d'Uzès, qui a appartenu à Guillaume de Montfaucon; que notre Cour de Parlement de Paris en procedant à l'enregistrement des Lettres Patentes de ratification du contrat d'échange, s'étant apperçû de cette extension, a mis dans son Arrêt d'enregistrement du 2 Septembre 1721. la clause de modification, sans que dans la cession faite au sieur Duc d'Uzès du domaine d'Uzès, le droit d'Aubeine puisse être compris, ni qu'il pût prétendre aucuns autres droits que ceux dont Nous joüissions & avions droit de joüir, comme Seigneur particulier dudit domaine, & ainsi qu'en joüissent & ont droit d'en joüir les autres particuliers de notre Royaume; que non-seulement par l'Arrêt du 29 Mars 1721. & par le contrat d'échange, le sieur Duc d'Uzès s'est fait ceder au-delà de ce qu'il avoit demandé; mais qu'il y a encore donné depuis une autre extension considerable en s'attribuant la mouvance & le ressort des Justices de toutes les Terres qui sont situées dans la Viguerie d'Uzès, au lieu qu'aux termes du contrat d'échange, il devoit être renfermé dans la seule Claverie d'Uzès & Pays d'Uzège; que la Claverie & la Viguerie sont deux choses très-distinctes, que la Viguerie d'Uzès comprend cent soixante-deux Communautez, qui appartiennent à des Seigneurs, dont les Officiers administrent la Justice, sauf l'apel au Senéchal de Nismes; que dans environ une vingtaine de ces Communautés Nous sommes eul Seigneur, & que dans les autres Nous le sommes en paréage, & par divis avec plusieurs particuliers; que dans cette Claverie il y avoit annnement un district apellé de ce nom, par raport à un Receveur ou Clavaire qui exigeoit les amendes, ou autres droits à Nous dûs; que cette Claverie avoit une petite étenduë, étant enfermée dans les lieux où Nous avions des revenus, & que leurs Fiefs ne sont point situés dans la Claverie, mais dans la Viguerie, dont le domaine n'a point été cedé au sieur Duc d'Uzès par le contrat d'échange; qu'on a eu d'ailleurs dans ce contrat si peu d'attention, qu'on a cedé la haute, moyenne & basse Justice dans le lieu de Saint-Jean de Marvejols, qui ne Nous appartenoit point, mais qui appartient à l'Evêque; que quand on pourroit prétendre qu'on auroit cedé par le contrat d'échange la mouvance des Fiefs & le ressort des Justices qui appartiennent au Sr Comte du Roure & Consorts, & qui sont situez dans la Viguerie d'Uzès; cette cession seroit absolument nulle, parce que, selon les Loix des Fiefs, on ne peut séparer le Fief servant du Fief dominant: or comme les Fiefs qu'ils possedent étoient mouvans de la portion du Domaine d'Uzès, qui appartenoit aux Comtes de Toulouse; dès que cette portion de Domaine n'a pû être cedée, & ne l'a point été, on ne peut non plus avoir cedé la mouvance de leurs Fiefs, ni le ressort de leurs Justices, mais seulement la mouvance des Fiefs, & le ressort des Justices qui dépendoient du partage de Guillaume de Montfaucon; & pour apuyer cette proposition, ils articulent l'exemple de la cession qui fut faite par Philippes le Bel, en faveur du mariage d'Isabelle sa fille, avec Edoüard II. Roi d'Angleterre; & pour terminer la Guerre, du ressort & de la supériorité qu'il avoit, comme Souverain sur le Duché de Bretagne, à quoi Artus, Duc de Bretagne, & les Seigneurs de cette Province, s'étant opposez, le Traité resta sans execution, parce qu'il est de l'interêt des Vassaux de ne point reconnoître pour Seigneur un inférieur à l'ancien Seigneur qu'ils avoient auparavant, & que le droit de mouvance & de ressort sur les Fiefs & les Justices tenuës nuëment de la Couronne, est incessible. Le sieur Comte du Roure & Consorts, ajoutent, & font un autre argument qu'ils tirent de l'Arrêt du Conseil du 22 Mai 1667. qui en condamnant la prétention du franc-aleu noble dans le Languedoc, a établi notre directe universelle sur toutes les Terres dont on ne connoissoit point d'autres Seigneurs; & ils prétendent que cette nouvelle mouvance que Nous Nous sommes attribuée par cet Arrêt sur les héritages que les Proprietaires prétendoient posseder en franc-aleu noble, est un droit Royal qui n'a pû être communiqué au Sr Duc d'Uzès; que si par un Arrêt de notre Conseil du 12 Mai 1722. eux & les autres Vassaux du Domaine d'Uzès, ont été déchargez de Nous rendre hommage, à cause de notre Avenement; & s'ils ont été renvoyés à le rendre au sieur Duc d'Uzès, à cause de son échange; cet Arrêt ne peut leur être opposé, parce qu'il n'a point été rendu avec eux, & ils déclarent qu'ils ne le peuvent executer, parce qu'ils perdroient le glorieux avantage d'être Vassaux immédiats de notre Couronne, & de ne reconnoître que les Juges Royaux pour Juges supérieurs de leurs Terres, qui, pour la plûpart, sont Marquisats, Comtez ou Baronies, dont la mouvance est tellement attachée à notre Souveraineté, qu'elle n'en peut être détachée; qu'enfin Nous souffririons un très-grand préjudice si l'échange étoit executé, & si tous les Fiefs & Seigneuries situez dans la Viguerie d'Uzès, & si le ressort de toutes leurs Justices pouvoient entrer dans la mouvance & dans le ressort du sieur Duc d'Uzès, comme le Commissaire nommé par notre Chambre des Comptes pour l'évaluation, les y a compris, quoiqu'il n'ait estimé toutes ces choses que 67000 liv. parce que ce Commissaire est

eſt entierement dévoüé au ſieur Duc d'Uzès, & qu'il a été conduit dans tout ſon ouvrage par les Agens de ſa Maiſon, au lieu que le Syndic du Diocèſe a fait de ſon côté une eſtimation de toutes les Parties que le ſieur Duc d'Uzès prétend lui devoir appartenir en vertu de l'échange, laquelle monte à 1864750 liv. pour laquelle Nous n'aurions cependant que la Terre de Levi, que notredite Chambre des Comptes a évalué à 90000 liv. par une eſtimation exceſſive avec la remiſe de 28670 liv. pour la finance payée pour l'engagement du Domaine d'Uzès; ſur quoi ils eſperent que Nous n'abandonnerions pas ainſi nos propres interêts, ceux de nos Vaſſaux, de l'Evêque, du Diocèſe entier, de nos Officiers de l'ancienne Viguerie d'Uzès, & de ceux du Preſidial de Niſmes; & ils tirent déja un préjugé favorable de ce que Nous avons, par deux Arrêts, renvoyé les demandes du ſieur Evêque, & de nos Officiers de Niſmes, devant des Commiſſaires choiſis dans notredite Cour de Parlement de Toulouſe, & ajoutent, que ſi Nous faiſions quelque difficulté de leur adjuger leurs Concluſions, Nous euſſions la bonté de renvoyer toutes les Parties & toutes les conteſtations devant les mêmes Commiſſaires, afin que l'échange puiſſe être conſtaté & fixé à ſes juſtes limites; les Requêtes preſentées par le Sr Duc d'Uzès, au nombre de deux, ſignifiées les 29 Octobre 1731. & 18 Janvier 1732. ſervant de réponſe à celles ci-deſſus, & contenant que la valeur de ce que Nous lui avons cedé par le Contrat d'échange, eſt tellement exagerée, que ce que ſes Adverſaires en diſent, ne peut ſervir qu'à faire voir la paſſion dont ils ſont animés; qu'ils devroient reſpecter l'examen qui en fut fait en notre Conſeil avant de paſſer le Contrat, que l'Arrêt du 29 Mars 1721. énonce qu'il fut vérifié, que tout ce que Nous poſſedions à Uzès Nous produiſoit environ 1000 liv. de revenu, & que la Terre de Levi en raportoit environ 2000 l. que par le procès verbal d'évaluation fait par le Commiſſaire de notre Chambre des Comptes ſur les lieux, l'eſtimation du Domaine d'Uzès a été portée, tant en revenu, qu'en honorifique, à 67790 liv. qu'il n'y a rien qui n'y ſoit compris; & ledit ſieur Duc d'Uzès déclare qu'il ne prétend joüir en vertu de ſon contrat d'échange, que de ce qui eſt employé dans ce procès verbal; enſorte que ſi ſes Adverſaires prétendent qu'il y ait erreur dans les eſtimations, & qu'ils puiſſent la faire monter à plus de 1800000 liv. comme le Syndic du Diocèſe l'a avancé, ils peuvent remettre leurs Mémoires à la Chambre des Comptes qui lui retranchera tout ce qu'elle jugera lui avoir été donné de trop, & que c'eſt à cette Compagnie à juger s'il y a de la lézion pour Nous; mais que cette lézion ne s'établira pas en notre Conſeil ſur des allegations auſſi outrées, que l'eſtimation de la Terre de Levi auſſi pour l'utile & pour l'honorifique, eſt entierement conſommée en notredite Chambre des Comptes, qu'elle monte à 90000 liv. qu'il eſt certain que les finances payées pour l'engagement dont il auroit dû être rembourſé, & qu'il a abandonnées, montent à 28670 liv. & les interêts qui lui étoient dûs pendant trente-quatre années qu'il a été dépoſſedé, & que Nous jouiſſions de ce Domaine, à 17000 l. enfin qu'il a rembourſé à notre décharge aux Officiers de la Juſtice Royale d'Uzès

C

pour la finance de leurs Offices 17230 liv. qu'outre cette Terre, & toutes ces sommes, il a consenti que le Domaine d'Uzès qu'il a acquis & qui a été uni au Duché, fût reversible à notre Couronne, comme le Duché même; qu'il a donné un pareil consentement pour tout ce qu'il feroit réünir à ce Domaine, en remboursant ceux qui en possedent des démembremens; qu'il ne croit pas qu'avec toutes ces conditions on puisse juger que Nous avions été lezé dans l'échange, qu'en tout cas ce seroit à notredite Chambre des Comptes à le reparer, en retranchant ce qu'il auroit de trop; qu'on ne trouvera pas non plus qu'on lui ait rien accordé au-delà de ce qu'il avoit demandé; qu'il ne s'est pas borné à la seule portion de Domaine acquis par Guillaume de Montfaucon; qu'il a demandé à acquerir à titre de proprieté tout ce qui avoit été engagé au sieur Duc d'Uzès son bisayeul en 1641. qu'il n'a parlé de la portion de Guillaume de Montfaucon, que dans l'exposition du fait, & pour faire voir combien il étoit favorable de réünir cette portion de Cadet, acquise par le Roi Charles VIII. au reste de cette Terre qui avoit fait le partage de l'aîné; que le défaut de vrai-semblance suffiroit pour faire connoître qu'il a demandé, & que le contrat d'échange lui a transporté tout ce qui Nous apartenoit dans le païs d'Uzège; qu'en effet la portion de Guillaume de Montfaucon n'avoit été acquise en 1493. par le Roi Charles VIII. que 4400 l. qui par l'augmentation survenuë aux especes; ne pourroient être estimées aujourd'hui plus de 20 à 24000 liv. Or on ne peut pas présumer qu'il ait abandonné plus de 150000 l. pour un Domaine de cette valeur; mais que sans avoir besoin de présomptions, il est certain qu'il Nous a demandé, & que Nous lui avons aussi cedé en proprieté par le contrat d'échange, tout ce qu'il possedoit en qualité d'Engagiste: or son engagement comprenoit ce qui avoit été cedé au Roi Saint-Loüis par le Comte de Toulouse en 1228. & ce que le Roi Charles VIII. avoit acquis de Guillaume de Montfaucon en 1493. qu'il ne faut pour en être convaincu que la lecture de l'Arrêt du 29 Mars 1721. du contrat d'échange, & de nos Lettres Patentes de ratification, qui comprennent tout notre Domaine dans la Ville & Claverie d'Uzès, Saint-Jean de Marvejols, & païs d'Usege, & qui n'exceptent que la Souveraineté, l'Hommage & le Ressort; qu'on lui oppose que le Domaine qui lui a été cedé est restraint par le contrat d'échange à ce qui est situé dans la Claverie d'Uzès; au lieu qu'il prétend avoir la Mouvance des Fiefs, & le Ressort des Justices Seigneuriales qui sont dans la Viguerie, & qu'on soutient que la Claverie a beaucoup moins d'étenduë que n'en a la Viguerie, qu'il prétend au contraire que *Viguerie* & *Claverie* sont sinonimes, qu'il est vrai qu'anciennement les Baillifs, Viguiers, & autres Juges Royaux avoient l'administration des revenus du Domaine, ainsi que l'administration de la Justice, & que l'Officier qu'ils commettoient pour faire la recette des revenus, s'appelloit *Clavier* ou *Clavaire*, & que l'étenduë du païs où il faisoit sa recette, se nommoit *Claverie*; mais qu'il en résulte que tous les lieux de la Viguerie d'Uzès où Nous percevions des revenus, formoient la Claverie; qu'on ne peut donc douter que les Fiefs qui appartiennent au sieur Comte du Roure & Consorts, ne fussent dans la Claverie d'Uzès, parce que produisant des lods en cas de vente, le Clavaire étoit celui qui en faisoit la recette, & qui en comptoit au Viguier, & les lieux de la situation de ces Fiefs, étoient de la Claverie; que pour faire voir qu'en effet la Claverie, & tous les lieux de la Viguerie où Nous percevions des revenus, ont toujours été pris indifferemment; il lui suffit de produire trois Affiches publiées de l'ordre du feu Roi de glorieuse mémoire notre très-honoré Seigneur & Bisayeul, en l'année 1696. pour parvenir à l'alienation du Domaine d'Uzès, dans lesquelles les mots de *Claverie & Viguerie* se trouvent également employés. Un Certificat du Greffier du Diocèse d'Uzès, & un autre Certificat de notre Procureur à Uzès, portant que le lieu de Serviers étoit & dépendoit de la Viguerie & Claverie d'Uzès; sur quoi il est à observer que l'un de ces Certificats est d'un Officier du sieur Evêque, & qu'ils sont tous deux du mois de Décembre 1706. antérieurs de quinze années à l'échange; & enfin quatre autres Certificats tous de l'année 1731. des Juges Consuls des Vans, du Juge & premier Consul de la Ville & Mandement de Naves, & du Lieutenant de Juge, & du Collecteur du lieu de Bordezac, qui portent, que ces lieux situez dans le païs d'Usege, sont de la Viguerie & Claverie d'Uzès, la Viguerie & Claverie étant la même chose; que cette objection est par consequent une pure subtilité qu'on employe au défaut de moyens; mais d'autant plus inutilement qu'une partie de ce païs n'est presque d'aucune valeur, étant situé dans les Montagnes, & que le reste appartient, pour la plus grande partie, au sieur Evêque, au Chapitre, à l'Ordre de Malthe, & à d'autres Ordres Religieux, sur tous lesquels il ne peut avoir aucuns droits de Mouvance, mais seulement le droit de Ressort de quelques petites Justices Seigneuriales; qu'on ne peut tirer contre lui aucun avantage de la modification mise dans l'Arrêt de notre Cour de Parlement, portant enregistrement de nos Lettres Patentes expediées sur son échange; ce qui y a donné lieu, est qu'on avoit énoncé par erreur dans le contrat, le droit d'Aubaine au nombre de ceux qui lui ont été cedés. Notredite Cour de Parlement se tenant aux regles, a ordonné, avec raison, qu'il n'en pourroit joüir, & a ajouté qu'il n'auroit que les droits dont les Seigneurs particuliers ont coutume de joüir, qui est une clause ordinaire & de stile, qu'il ne lui en a point été cedé, & qu'il n'en prétend point d'autres; l'Hommage des Vassaux, & le Ressort des appellations des Justices Seigneuriales, étant tout ce qu'il a acquis au-delà des choses dont il joüissoit, comme Engagiste, en quoi il n'y a rien dont les Seigneurs particuliers n'ayent droit de joüir dans leurs Terres, & dont lui-même ne joüisse dans le Duché d'Uzès, auquel est réüni le Domaine qui lui a été cedé, ne Nous y étant reservé que la Souveraineté, l'Hommage qu'il Nous doit rendre avec le Ressort des apellations du Siege Ducal au Parlement de Toulouse, le tout de même que pour l'ancien Domaine du Duché; que les droits qu'il a acquis ne sont donc que des droits ordinaires que personne ne lui peut contester; qu'on a vû que lorsque le Procureur General de notre Chambre des Comptes de Montpellier, qui ne connoissoit pas encore le contrat d'échange, a confondu les Vassaux du Domaine d'Uzès, avec nos autres Vassaux dans la Province, pour les obliger à rendre nouvel Hommage à cause de notre Avenement; notre Conseil les en ayant déchargés par un Arrêt du 12 Mai 1722. en faisant défenses au Procureur General de notredite Chambre des Comptes, & à notre Procureur du Bureau de nos Finances, de faire aucunes poursuites contre les Vassaux du Domaine d'Uzès; que ces Vassaux ne peuvent estre admis à alleguer que l'Arrêt n'a pas été rendu avec eux, non-seulement parce qu'il n'a fait que repeter ce qui est porté par le contrat d'échange, & par nos Lettres Patentes, mais encore parce qu'ils ne sont pas Parties capables de contester le délaissement qu'il Nous plaît de faire d'un de nos Domaines par la voye de l'échange; que si le désir qu'ils ont de relever toujours de Nous est loüable, la résistance qu'ils aportent à notre volonté, ne l'est pas; car s'ils pouvoient être écoutez, il s'ensuivroit que Nous ne pourrions plus faire aucun échange sans consulter nos Vassaux, comme si notre plein pouvoir pouvoit être revoqué en doute; que l'échange de Sedan par lequel tous ceux qui étoient anciennement des Duchez d'Albret & de Château-Thierry, & d'une infinité d'autres grandes Terres, sont devenus Vassaux de la Maison de Boüillon, & qu'il y a nombre d'autres exemples, comme l'échange de Bellisle & autres, qui ont été faits dans tous les tems, qu'ainsi il n'y a que la mouvance des Duchez, Marquisats, & autres Terres Titrées, qui ne peuvent être transferées à des Seigneurs particuliers, même par la voye d'échange, parce que les Terres Titrées relevent & sont attachées immédiatement à notre Couronne, dont elles ne peuvent être separées, à la difference de toutes les autres Terres tenuës de Domaines particuliers; qu'il est de fait que dans toute la Claverie ou Viguerie d'Uzès, il n'y a pas une seule Terre Titrée, & le sieur Duc d'Uzès déclare que s'il s'en trouve quelqu'une, il n'en pretend pas la mouvance; mais que le sieur Comte du Roure s'étant pourvû en notre Chambre des Comptes de Paris, a été débouté par Arrest du trente Avril 1722. contradictoirement avec nos Gens, véritables Parties à cet égard, & par défaut avec lui; lequel Arrest a passé en force d'Arrest contradictoire, n'y ayant point été formé opposition de sa part; que toutes les Terres des Opposans sont de très-petits Fiefs, & qu'ils ne cherchent qu'à grossir les objets en traitant de Communautés & Villages, des Hameaux, composez pour la plûpart de deux ou trois maisons; que l'évaluation éclaircira tous ces faits, parce que la valeur du droit de Mouvance sur ces Fiefs, & du droit de Ressort sur les Justices, a été prisée singulierement & par parties dans le procès verbal, comme il est des regles: or il ne peut jamais posseder que ce qui sera compris dans le procès verbal d'évaluation, & ce qui a fait partie du contrat d'engagement passé à ses auteurs, & il ne demande de plus que l'Hommage & le Ressort qui sont attachez à sa qualité de Proprietaire; que les mêmes Vassaux ne sont pas non plus recevables à contester ce Ressort, puisqu'il lui a été par Nous cedé,

cedé, non plus que de vouloir que les appellations de leurs Juges ſoient portées au Preſidial de Niſmes, puiſque Nous en avions diſpoſé autrement, & que Nous avons même jugé avec ces Officiers, ſeules Parties intereſſées, qu'il ne leur étoit point dû d'indemnité; par Arrêt du 7 May 1726. ſuivi de nos Lettres Patentes, enregiſtrées contradictoirement en notre Cour de Parlement de Toulouſe par Arreſt du 14 Aouſt 1726. qu'enfin ils ſont également mal-fondés à demander le rétabliſſement des Officiers de la Viguerie d'Uzès, puiſqu'il a été chargé de les rembourſer de leurs finances, qu'ils lui en ont donné quittance, & qu'ils ne reclament point; que le ſeul effet du contrat d'échange eſt que les Juges du Duché d'Uzès connoiſſent des apellations de ces Juſtices particulieres, à la charge de l'apel en notredite Cour de Parlement de Toulouſe. Comment donc vouloir que Nous euſſions des Officiers dans la Ville d'Uzès, puiſque Nous en avions fait rembourſer les Officiers qui y étoient, & que Nous avions cedé l'entiere Juſtice qu'ils exerçoient? Que l'on doit encore regarder comme des ſubtilitez de ſes Adverſaires, les deux argumens qu'ils tirent du Traité avec le Roi Saint-Loüis, pour l'union à la Couronne du Comté de Toulouſe, & de l'Arreſt de notre Conſeil qui a condamné le franc-aleu noble dans la Province de Languedoc; que par le Traité de mil deux cent vingt-huit le Roi Saint-Loüis a acquis avec le Comté de Toulouſe, le Domaine que le Comte poſſedoit à Uzès, qui étoit peu conſiderable, puiſque preſque tout le païs d'Uzège appartenoit à l'Evêque, & aux auteurs du ſieur Duc d'Uzès; mais qu'en acquerant cette portion de Domaine, le Roi Saint-Loüis en a acquis toutes les mouvances: or ces mouvances n'étoient point des mouvances du Comté de Toulouſe, mais des mouvances du Domaine qui avoit appartenu au Comte de Toulouſe dans Uzès, où les Vaſſaux rendoient hommages & payoient les droits Seigneuriaux; il ſuffit donc que Nous ayons cedé le Domaine d'Uzès, pour avoir pû ceder les mouvances qui en dépendoient; qu'ainſi c'eſt une illuſion au ſieur Comte du Roure & Conſorts, de prétendre que leurs Fiefs étoient mouvans immédiatement de notre Couronne, & qu'ils n'ont pû en eſtre ſéparés, puiſqu'il n'y a de mouvances immédiates de notre Couronne, que celles qui ſont qualifiées telles dans les Hommages & les Aveux; toutes les autres ſont attachées aux Fiefs dont elles dépendent, & ſuivent le Fief lorſqu'il eſt vendu ou tranſporté par échange; qu'en un mot le Domaine que le Roi Saint-Loüis a acquis du Comte de Toulouſe, n'eſt pas d'un autre nature que celui que Charles VIII. a acquis de Guillaume de Montfaucon; chacun de ces Domaines avoit ſes Vaſſaux particuliers, & le délaiſſement qui a été fait au ſieur Duc d'Uzès, de l'un & l'autre Domaine, lui a tranſporté la mouvance de tous les Arriere-fiefs qui en dépendoient; que quand à l'argument tiré du franc-aleu, il n'a pas plus de ſolidité; qu'il eſt vrai qu'en jugeant qu'il n'y a point en Languedoc de franc-aleu noble ſans titre, on a jugé que la mouvance des héritages de cette eſpece Nous appartient, à cauſe de chaque Domaine particulier; enſorte que s'il y en avoit dans la Viguerie d'Uzès, ces héritages seroient mouvans du Domaine de ce lieu, toujours par la raison que chaque mouvance est attachée à chaque Seigneurie particuliere, & nullement à notre Couronne; mais que c'est fort inutilement que le sieur Comte du Roure & Consorts proposent ce moyen, puisque loin de prétendre que leurs héritages fussent en franc-aleu, & qu'ils ne soient devenus féodaux qu'en conséquence de l'Arrest de notre Conseil de 1667. qui a condamné la prétention du franc-aleu noble sans titre; ils conviennent tous de l'ancienne féodalité de leurs héritages, & prétendent seulement qu'ils sont mouvans de Nous à cause de notre Couronne, & non à cause du Domaine particulier d'Uzès; qu'on ne peut pas même prouver que qui que ce soit dans l'étenduë de la Viguerie ou Claverie d'Uzès, ait jamais prétendu y posseder des héritages en franc-aleu noble, qu'ainsi cet argument du sieur Comte du Roure & Consorts, est de la même qualité que tous les autres, qu'ils n'ont proposés que pour répandre de l'obscurité dans une affaire très-simple, puisqu'ils n'ont aucune application à l'espece; que pour détruire cette pretenduë mouvance de notre Couronne, & justifier que les Fiefs du Sr Comte du Roure & Consorts, ont toujours été mouvans du Domaine Royal d'Uzès, il lui suffit d'ajouter que ces Gentilshommes ne justifieront pas qu'ils ayent jamais payé les droits Seigneuriaux des acquisitions qu'ils peuvent avoir faites de leurs Fiefs depuis l'année 1641. que le Domaine d'Uzès a été engagé à autres qu'aux Ducs d'Uzès, en qualité d'Engagistes, si ce n'est dans le tems qu'a duré la dépossession de l'engagement, & qu'il les défie de rapporter aucunes quittances de payement qu'ils ayent faits aux Fermiers de notre Domaine à qui les droits Seigneuriaux auroient appartenu, s'ils n'avoient pas fait partie de l'engagement; que tout ce qu'ils peuvent prouver est qu'ils Nous ont rendu leurs hommages & leurs aveux, parce que les Engagistes n'ont pas droit de les recevoir; qu'enfin toutes les prétentions que le sieur Evêque, le Syndic du Diocèse, & les Officiers de Nismes renouvellent, ont été condamnées par un grand nombre d'Arrêts, & singulierement par celui du 26 Décembre 1721. rendu contre le Sr Evêque & le Syndic, sur les mêmes moyens qu'ils repetent aujourd'hui, dont la simple lecture fait la preuve; & contre les Officiers de Nismes, par l'Arrêt de notre Conseil du 7 Mai 1726. & par celui de notre Cour de Parlement de Toulouse du 8 Mars 1727. & il ajoute pour derniere observation, que ses Parties ne peuvent tirer aucun préjugé en leur faveur, de l'Arrêt de notre Conseil du 20 Août 1729. qui de son consentement, & de celui du sieur Evêque, & du Chapitre, a nommé entr'eux des Commissaires pris dans notredit Parlement de Toulouse, parce que le renvoy n'a point été consenti ni ordonné pour juger de nouveau les contestations terminées par les Arrests de notre Conseil, & de notre Parlement de Paris, ce qu'il seroit absurde de proposer; mais pour prononcer sur les autres contestations pendantes entr'eux sur l'étenduë des anciens droits du Duché, & des nouveaux droits qui y ont été unis par l'échange, & sur ceux du Sr Evêque, & du

Chapitre ; mais que cet Arrest ne comprend, ni les Gentilshommes, ni le Syndic du Diocèse, ni nos Officiers de Nismes ; que ces derniers ont cependant surpris un autre Arrest, qui a renvoyé à la Commission pour juger leurs prétentions, quoique terminées définitivement par notre Conseil dès l'année 1726. & comme si on avoit pû à son insçû & sans son consentement, augmenter l'attribution aux Commissaires, ce qui l'a engagé à former opposition à cet Arrêt ; pourquoi requeroit qu'il Nous plût lui donner acte de ce qu'il ne pretend rien sur la proprieté des Fief & des Justices qui appartiennent au sieur Comte du Roure & Consorts, mais qu'il pretend seulement en vertu de l'échange les droits feodaux & Seigneuriaux dont lesdits Fiefs sont tenus envers le Domaine qui lui a été cedé, & le Ressort où les premieres appellations sur les Justices qui sont dans l'étenduë de la Claverie d'Uzès & païs d'Uzège ; & sans s'arrêter aux Requêtes dudit sieur Evêque, du Sr Comte du Roure & Consorts, & du Syndic dudit Diocèse ; ordonner que l'Arrest de notre Conseil du 29 Mars 1721. le Contrat d'échange passé en consequence, & nos Lettres Patentes données sur ledit contrat, seront executées ; & en consequence, qu'il joüira de toutes les choses comprises dans l'échange, que le sieur Comte du Roure & Consorts, & autres possesseurs des Terres & Fiefs situés dans l'étenduë de la Claverie ou Viguerie d'Uzès & païs d'Uzège, qui étoient de notre mouvance dans l'étenduë de ladite Claverie ou Viguerie, seront tenus de lui faire la foi & hommage, & payer les droits & devoirs féodaux & Seigneuriaux dont ces Terres & Fiefs sont tenus ; que les premieres appellations des Justices Seigneuriales qui sont dans l'étenduë de ladite Viguerie ou Claverie d'Uzès & païs d'Uzège, ressortiront à la Justice du Duché-Pairie d'Uzès, & que les Officiers de la Justice d'Uzès, continuëront de connoître des premieres apellations, sauf l'apel en notredite Cour de Parlement de Toulouse ; faire défenses au Sr Evêque, au Sr Comte du Roure & ses Adherans, au Syndic dudit Diocèse, & à tous autres de le troubler & ses Officiers, dans la possession de ses droits, & que sur l'Arrest qui interviendra, seront toutes Lettres expediéees. Veu aussi les piéces rapportées par le sieur Duc d'Uzès, sçavoir, Contrat de mariage du premier Mars 1486. de Jacques de Crussol, & de Simonne d'Uzès, qui a porté dans sa Maison la Terre d'Uzès, telle qu'elle étoit anciennement, & qu'elle a été érigée en Duché en l'année 1565. Contrat d'engagement du 9 Septembre 1641. de tout le Domaine que le Roi Louis XIII. possedoit au même lieu, fait à Emanuel de Crussol son bisayeul, & deux adjudications par revente des 5 Février 1643. & 28 Janvier 1700. qui en ont été faites moyennant differentes finances, montant ensemble à 28670 liv. Un bail du 10 Mai 1698. passé par les Fermiers de notre Domaine dans le tems de sa dépossession du Domaine d'Uzès, moyennant 700 liv. par an. Un autre bail du 2 Janvier 1700. passé par lui-même après que l'adjudication lui fût faite à titre de revente, il fut rentré en possession de l'engagement, moyennant 800 l. par an ; & deux autres Baux des 19 Novembre 1705. & 22 Décembre 1711. par lui faits du même Domaine; l'un moyennant 650 l. & l'autre moïennant 900 l. Deux Arrêts de notre Cour de Parlement de Paris des 11 Juillet 1718. & 2 Juin 1723. par lui obtenus contre le défunt Evêque d'Uzès; auquel entr'autres dispositions, défenses ont été faites & à ses successeurs, de se dire & prendre la qualité de Comte d'Uzès, & permet seulement de prendre celle de Seigneur en partie d'Uzès. Un extrait du procès verbal fait par le Commissaire delegué par notre Chambre des Comptes pour l'évaluation du Domaine d'Uzès du 9 Décembre 1722. & jours suivans, qui contient son estimation sur le pied du denier 30, 40 & 70. du revenu à 67790 liv. 10 s. Trois Affiches publiées au mois de Mai 1696. lors de la derniere alienation à titre d'engagement du Domaine d'Uzès, dans lesquels les mots de *Claverie* & *Viguerie* sont emploïés indifferemment. Certificat du 9 Décembre 1706. signé Chalmeton, Secretaire & Greffier du Diocèze d'Uzès, portant que le lieu de Serviers, distant de la Ville d'Uzès d'une petite lieuë, est & dépend de la Viguerie & Claverie basse d'Uzès, & le lieu de Saint-Jean de Marvejols. Autre Certificat du 11 Décembre 1706. de notre Procureur au Siége de la Ville, Viguerie d'Uzès & païs d'Uzège, portant que le lieu de Serviers dépendoit de la Viguerie & Claverie basse. Certificat du 5 Septembre 1731. des Juges Consuls & Greffier Consulaire du Mandement de Naves au Diocèse d'Uzès, contenant que le lieu & Mandement étoit dans le Haut païs d'Uzège, dépendant de la Viguerie & Claverie d'Uzès, & que suivant la reconnoissance faite au Roi Charles VII. en 1456. le lieu de Chausse-Chaussonnaresse avoit toujours payé l'albergue d'un quarteron de cire au Clavaire du païs d'Uzège. Certificat du Juge de la Ville des Vans, & Mandement de Naves au Diocèse d'Uzès du premier Octobre 1731. portant que ces lieux sont dans le Haut païs d'Uzège, divisé en Haut & Bas païs d'Uzège, ou en Haute & Basse Viguerie ou Claverie d'Uzès; la Viguerie ou la Claverie étant la même chose, & ayant la même étenduë. Certificat du 2 Octobre 1731. du Lieutenant de Juge, & Collecteur du lieu de Bordezac, Paroisse de Peiremale, Diocèse d'Uzès, portant que ce lieu est dans le Haut & Bas païs d'Uzège, ou en Haute & Basse Viguerie d'Uzès, la Claverie & Viguerie étant la même chose & ayant la même étenduë, & que l'albergue de deux livres & demi de cire dûë par les Habitans a toûjours été payée au Clavaire d'Uzès; & un autre Certificat du 12 Octobre de la même année du premier Consul de la Ville des Vans, qu'elle est dans le Haut païs d'Uzège, divisé en Haute & Basse Viguerie ou Claverie, la Claverie ou Viguerie étant la même chose, & ayant la même étenduë; & les piéces rapportées par le sieur Evêque d'Uzès, le sieur Comte du Roure & Consorts, & le Syndic du Diocèse, consistant, sçavoir, Imprimé de l'Arrest du 29 Mars 1721. qui a ordonné l'échange. Imprimé de nos Lettres de ratification du contrat d'échange. Mémoire imprimé des Officiers de la Senechaussée & Présidial de Nismes sur ledit échange. Un Mémoire imprimé pour François de Lastic de Saint-Jal, Evêque & Seigneur d'Uzès, contre le Sr Duc d'Uzès, contenant les moyens

moyens proposez par ledit sieur Evêque aux Commissaires de notredite Cour de Parlement de Toulouse, nommez par l'Arrest de notre Conseil du 20 Août 1729. contre la prétenduë extension du Sr Duc d'Uzès au contrat d'échange du 28 Avril 1721. Un Mémoire écrit à la main pour le Syndic du Diocèse d'Uzès, par lequel on soutient que l'ancienne Viguerie d'Uzès, & tous les droits Royaux & Domaniaux que nos prédécesseurs ont toujours eu dans ladite Viguerie, ne dépendent nullement de l'échange, & Nous appartiennent toujours; ensemble toutes les autres Requestes, Mémoires & piéces respectivement produites. Nous aurions par Arrêt de notre Conseil du 18 Mars dernier, statué sur les fins & conclusions prises par lesdites Requêtes & Memoires, & ordonné que pour l'execution dudit Arrêt, toutes Lettres nécessaires seroient expediées. A CES CAUSES, de l'avis de notre Conseil, qui a vû ledit Arrêt du 18 Mars dernier, dont extrait est ci-attaché sous le contre-scel de notre Chancellerie, Nous avons par ces presentes signées de notre main, conformément audit Arrêt, faisant droit sur le tout, donné & donnons acte audit sieur Duc d'Uzès, de la déclaration par lui faite dans sa Requeste du dix-huit Janvier dernier, qu'il ne prétend rien en la mouvance des Terres Titrées dont il Nous a été randu Hommage, à cause de notre Couronne, grosse Tour du Louvre, ou autre expression équivalante, non plus qu'au ressort des Justices desdites Terres, si aucunes se trouvent dans les Domaines à lui cedés par le contrat d'échange du 28 Avril 1721. ce faisant, sans Nous arrêter aux demandes du Comte du Roure & Consorts, & du Syndic du Diocèse d'Uzès; ensemble à l'intervention du Sr Evêque d'Uzès dont ils sont déboutez; ordonnons que l'Arrêt de notre Conseil du 29 Mars 1721. le contrat d'échange passé en consequence, les Lettres Patentes expediées sur ledit contrat, & tous autres Arrests intervenus entre les Parties, seront executez; & que ledit sieur Duc d'Uzès joüira à titre de proprieté de toutes les choses comprises audit contrat d'échange, & qui avoient été alienées à titre d'engagement au Duc d'Uzès son bisayeul, & à lui, par contrats des 6 Septembre 1641. 5 Février 1643. & 28 Janvier 1700. & qu'en consequence dudit échange, le Comte du Roure & Consorts, & autres possesseurs des Terres & Fiefs non titrés, & non employez dans les Hommages, comme mouvans immédiatement de notre Couronne situez dans l'étenduë de la Claverie ou Viguerie d'Uzès & païs d'Uzège, & qui étoient moüvans avant l'échange des Domaines qui Nous appartenoient, seront tenus d'en faire la Foi & Hommage audit sieur Duc d'Uzès, lui en rendre les aveux & dénombremens, & payer les droits & devoirs féodaux dont lesd. Terres & Fiefs sont tenus; ordonnons pareillement que les Officiers de la Justice du Duché d'Uzès, continueront de connoître des premieres appellations des Justices Seigneuriales desdites Terres & Fiefs, sauf l'appel en notre Cour de Parlement de Toulouse: faisons défenses à toutes personnes d'apporter aucun trouble à lui & à ses Officiers; le tout sans préjudice des évaluations pendantes en notre Chambre des Comptes, lesquelles Nous voulons être incessamment parachevées. SI VOUS MANDONS que ces Presentes vous ayez à faire registrer & executer selon leur forme & teneur, cessant & faisant cesser tous troubles & empêchemens, & nonobstant toutes choses contraires : CAR tel est notre plaisir. DONNE' à Versailles le septiéme jour d'Avril, l'an de grace mil sept cent trente-deux, & de notre Regne le dix-septiéme. *Signé*, LOUIS. *Et plus bas* : Par le Roy, PHELYPPEAUX, avec grille & paraphe, & scellé du grand Sceau de Cire jaune.

Collationné sur l'Original par Nous Ecuyer-Conseiller-Secretaire du Roi, Maison, Couronne de France & de ses Finances.

De l'Imprimerie de la Veuve Knapen, rue de la Huchette, à l'Ange. 1732.

www.ingramcontent.com/pod-product-compliance
Lightning Source LLC
LaVergne TN
LVHW021635170726
843501LV00007B/2226